MARCEL CANCE

PROFESSEUR DE PHILOSOPHIE AU GRAND SÉMINAIRE D'AGEN

COUP D'ŒIL D'ENSEMBLE

SUR

LA PHILOSOPHIE MODERNE ET CONTEMPORAINE

CE QU'ELLE EST DEVENUE SOUS L'INFLUENCE DE L'ALLEMAGNE

CE QU'ELLE DOIT ÊTRE APRÈS LA GUERRE MONDIALE

PARIS

Marcel RIVIÈRE & Cie, Éditeurs

31, RUE JACOB, ET 1, RUE SAINT-BENOIT

1919

MARCEL CANCE

PROFESSEUR DE PHILOSOPHIE AU GRAND SÉMINAIRE D'AGEN

COUP D'ŒIL D'ENSEMBLE

SUR

LA PHILOSOPHIE MODERNE ET CONTEMPORAINE

CE QU'ELLE EST DEVENUE SOUS L'INFLUENCE DE L'ALLEMAGNE

CE QU'ELLE DOIT ÊTRE APRÈS LA GUERRE MONDIALE

PARIS

Marcel RIVIÈRE & Cie, Éditeurs

31, RUE JACOB, ET 1, RUE SAINT-BENOIT

1919

NIHIL OBSTAT

Censor delegatus :
A. BERT.

————————————————

IMPRIMATUR

Aginni, die 30ᵈ Junii 1919.

† CAROLUS-PAULUS,
Episc. Aginnensis.

COUP D'ŒIL D'ENSEMBLE

SUR

LA PHILOSOPHIE MODERNE ET CONTEMPORAINE

CE QU'ELLE EST DEVENUE SOUS L'INFLUENCE DE L'ALLEMAGNE
CE QU'ELLE DOIT ÊTRE APRÈS LA GUERRE MONDIALE

La philosophie moderne, qui a pris naissance dans la réforme cartésienne, s'est orientée de jour en jour davantage vers le subjectivisme et l'idéalisme. C'est un fait incontestable qui ne laisse pas de surprendre d'abord et même d'étonner assez vivement dans un mouvement de réaction contre ce qu'il était convenu d'appeler l'irréalisme du passé. C'est à ce point que des doctrines, qui ont fait profession, comme le positivisme et le criticisme, de ne pas s'écarter d'une ligne des données les plus certaines de la science, en sont venues peu à peu à douter de l'objet même que la science étudie et sans lequel elle ne saurait plus être qu'une vaine systématisation de fantômes. N'est-ce pas là justement l'impression qui se dégage, d'une part, des travaux de Taine et de l'école anglaise dont Stuart Mill est le représentant le plus autorisé, et, d'autre part, des trois critiques de Kant et des ouvrages de Renouvier? Nous voudrions montrer que ces errements sont communs à l'ensemble des écoles parce qu'ils ont une source commune qui explique chez toutes la même direction du courant de la pensée. C'est le spiritualisme évidemment qui nous intéresse, et nous nous demanderons ce qu'il est devenu sous la poussée des principes admis par Descartes et l'influence des philosophes assembleurs de nuages de l'égoïste Germanie. Les penseurs qui nous ont paru mériter surtout une analyse sont naturellement les plus originaux, ceux dont les travaux ont eu sur la marche des idées une influence plus considérable. Nous avons nommé, après Descartes, Leibnitz et Kant tout d'abord : nous ne parlerons pas de Renouvier, quelle que soit son importance; parce que sa pensée nous apparaît comme une sorte de compromis entre le kantisme et le positivisme anglais. Bergson et James retiendront ensuite notre attention, le premier, comme l'instigateur de l'intuitionisme et de la philosophie du devenir, le second comme le principal adhérent du pragmatisme, celui dont le talent et la verve ont le plus frappé les lecteurs français.

Nous terminerons en opposant à ces faux systèmes la pensée toujours vivante et féconde d'Aristote et des grands scolastiques.

Nous estimons, en effet, que la philosophie traditionnelle est la seule qui puisse encore vivifier de ses principes la pensée moderne. C'est à elle, la *perennis philosophia*, qu'il faudra enfin revenir. Nulle autre n'est capable de faire demain sur les grands problèmes l'unité des esprits dans la vérité, sans laquelle il n'y a de vie possible ni pour les individus ni pour les nations.

I

DESCARTES.

L'erreur maîtresse, le péché originel, pourrait-on dire, de la philosophie cartésienne, qui du Maître est passé à tous les disciples et a vicié irrémédiablement la pensée moderne tout entière, c'est sa conception de l'âme, du corps, et de leur union dans l'acte de la connaissance.

Pour Descartes, il n'y a que deux choses dans ce bas monde : l'âme, substance simple dont l'essence est la *pensée*, et la matière, substance composée dont l'essence est l'*étendue : la res cogitans* et la *res extensa*. Or, a soin de souligner notre philosophe lui-même, il y a un rapport d'*exclusion* entre ces deux termes : *pensée* et *étendue*. De telle manière qu'il faut, pour concevoir l'un, nier l'autre. Jamais on ne vit union plus mal assortie que celle de l'âme et du corps. C'est à croire qu'elle est l'effet de quelque malin génie. Aucune communication n'est intelligible entre eux, aucun échange : il faudrait pour cela muer les essences mêmes, transformer le *mouvement*, seul phénomène de l'étendue, en *pensée*, et la pensée, seule manifestation de l'âme, en *mouvement*. Autant vaudrait chercher la quadrature du cercle.

La conséquence logique la plus immédiate qui suit de là, c'est que l'âme doit penser toute seule et tirer toutes ses pensées de son propre fonds. Le corps, de son côté, est obligé de vivre et de se mouvoir indépendamment de l'âme. Descartes n'accepte pas tout à fait cette conclusion, mais c'est à tort, elle est postulée par son système (1).

Non seulement il est nécessaire que l'âme pense toute seule, mais il faut que toutes ses pensées soient contemporaines de sa première existence et par conséquent *innées*. C'est par un vice de logique qu'il admet des idées adventices, c'est-à-dire venues du dehors. Le dehors et le dedans sont deux mondes clos. Rien, comme le dira plus tard expressément Leibnitz, ne peut entrer dans l'âme ou en sortir. Elle doit se suffire à elle-même et posséder par conséquent, dès l'origine, tout ce qu'elle contiendra jamais. Là est le principe du subjectivisme dont Leibnitz tirera les conséquences logiques et que Kant et ses successeurs pousseront jusqu'à ses extrêmes limites : l'impossibilité radicale de connaître l'objet, puis l'absorption totale de l'objet dans le sujet.

Une remarque importante à faire, c'est que la sensation, elle aussi, fait partie de ces idées et constitue avec elles l'essence de l'âme, car elle n'est pas mouvement, et le mouvement seul est hors de l'âme dans l'étendue corporelle. Il n'y a qu'une différence de *degré* entre l'odeur d'une violette, par exemple, et l'idée de Dieu. Sens, entendement, raison, c'est une même faculté : l'*intelligence*. Or, dans l'intelligence, tout est *idée*, et, entre idées, il n'y a que du plus ou du moins dans la *clarté*, la *distinction* ou la *confusion*. Pourquoi ces sensations apparaissent-elles à un moment plutôt qu'à un autre ? Descartes répond qu'elles naissent à l'occasion des mouvements extérieurs, ce qui n'explique rien, puisque ces mouvements n'ont logiquement aucune influence sur elles. Pour rester fidèle à sa pensée, Descartes doit les déclarer contemporaines de l'âme même dont elles sont l'essence indivisible. Ce n'est pas l'intelligence qui produit les idées, puisqu'elles la constituent : pour les produire, il faudrait qu'elle pût agir avant d'être elle-même. Aussi a-t-il raison,

(1) Il suppose que l'âme est unie au corps par un seul point d'attache, le plus élevé, la glande pinéale située au sommet du cerveau antérieur. Comme si l'union était plus compréhensible dans une étendue plus petite. De là, elle dirige les mouvements du corps qu'elle est incapable de produire. Mais, pour diriger un mouvement, il faut précisément créer un mouvement directeur.

dans son système, de concevoir l'esprit comme passif et contemplatif. Il assiste, en effet, tel un roi fainéant, au cortège de ses idées dont l'ordre semble réglé par les lois toutes mécaniques de l'association.

Il n'est pas possible de couper plus radicalement le pont entre l'esprit et la matière, le sujet et l'objet. Le problème consistait à rendre celui-ci présent à celui-là, afin qu'il pût le connaître. Tout au contraire, on creusa entre eux un infranchissable abîme. Voilà le péché irrémissible de la philosophie cartésienne, la principale et inépuisable source de subjectivisme dont sont entachés tous les systèmes, même les meilleurs, qui se sont élevés depuis Descartes en dehors de l'influence de l'Église.

L'École avait mieux observé : elle avait vu que la vie est une propriété du composé, et que le corps vivant est capable de sentir, grâce à son union intime, substantielle avec l'âme. La sensation n'est pas un phénomène spirituel, dont le siège serait l'âme seule, mais un fait mixte qui se passe dans les organes mêmes des sens. Il n'y a pas seulement une différence de *degré*, mais de *nature*, entre la sensation et la pensée, entre les sens et l'intelligence.

La matière étendue peut donc influencer un organe également étendu. Et comme cet organe est en même temps vivant, qu'il constitue un sujet à la fois *physique* et *psychique*, l'effet produit présentera précisément ce même double caractère. Il sera *matériel et étendu*, tout en restant aussi *simple* et *un*. Il n'y a là aucune contradiction, car ces attributs qui s'opposent ne sont pas affirmés sous le même rapport : *objectivement* et considérée comme étendue dans le corps, la sensation est matérielle et composée, *subjectivement* et considérée comme représentée dans l'âme unie à l'organe et ne faisant qu'un avec lui, elle est une et simple comme elle.

Voilà solidement établie, et en conformité avec les faits, l'union de l'esprit et du corps. Nous avons là une base sérieuse pour l'objectivité de la connaissance. Si maintenant la pensée n'est pas l'essence de l'âme, comme le croit Descartes, mais son opération naturelle et active sur les données des sens pour les transformer en idées, c'est-à-dire en lumière intellectuelle, nous pourrons connaître les choses, et l'esprit ne se trouvera plus isolé et obligé de se nourrir pour ainsi dire de sa propre substance. Or, les essences sont immuables, tandis que les opérations changent et sont soumises au rythme du temps. Maintenant tel commet une faute qui s'en repentira tout à l'heure. Ce sont des actes qui ne sont pas *compossibles*, comme le note très justement Leibnitz. Ils sont donc successifs, et les pensées qui les ont amenés également. La pensée divine seule ne change pas et fait partie de l'essence de Dieu même, parce qu'elle est comme lui éternellement parfaite. En faisant de la pensée l'essence de l'âme humaine, Descartes ne se doutait pas qu'il divinisait l'intelligence et qu'il ouvrait toute grande au panthéisme idéaliste des Allemands la porte qu'il avait déjà maladroitement entrebâillée au panthéisme naturaliste de Spinoza par sa définition de la substance.

Cette erreur de Descartes, qui fait de la pensée l'essence de l'âme, l'a tout naturellement amené à confondre la conscience ou le moi psychologique avec l'âme même. Il croit percevoir l'âme directement dans la plus immédiate des expériences. Son être lui apparaît avec sa pensée même qui en est l'essence : « Je pense, donc je suis. » Ce spiritualisme exagéré ne devait pas tarder à provoquer la réaction du phénoménisme de Hume, de Kant et du positivisme.

L'étendue est-elle de son côté l'essence de la matière? Descartes n'a que trop raison de dire que dans son système l'âme est plus facile à connaître que le corps. La vérité est qu'il n'y a pas moyen de le connaître du tout. On lui attribuera, dit-il, tout ce qui, dans la perception, ne saurait convenir à l'âme, c'est-à-dire l'étendue et les déplacements possibles dans cette étendue même, à savoir les divers mouvements. Ainsi la couleur est subjective, c'est une idée de l'âme, mais l'étendue qui lui sert de support, et sans laquelle elle ne serait pas, est objective. On conviendra que cette distinction est assez arbitraire. D'où vient d'ailleurs cette étendue dans la représentation? — de l'âme? — Il y a incompatibilité absolue entre la pensée et l'étendue ; — du corps? Mais il n'y a pas d'influence sur l'âme pour l'y introduire. C'est toujours la difficulté insurmontable de la communication des deux substances hétérogènes.

Quoi qu'il en soit, l'étendue ne saurait être l'essence de la matière. Leibnitz n'aura pas de peine à montrer que l'étendue et le mouvement ne sont pas premiers, mais qu'ils supposent avant eux quelque chose qui s'étend et se meut. Ce quelque chose est dès lors l'essence de la matière, et l'étendue et le mouvement n'en sont que des modes et des accidents.

L'existence de la matière est-elle au moins certaine? Le seul critérium de la vérité est pour Descartes l'évidence logique. Il met ainsi l'idée au-dessus du fait, ce qui est le principe même de l'idéalisme. De ce que le monde s'impose à nos sens, il ne suit donc pas pour lui qu'il existe réellement. La seule raison décisive de croire à l'univers, c'est la véracité de Dieu, qui nous tromperait, si la matière était une pure illusion de notre esprit. Méthode à rebours, qui au lieu de nous élever, comme dit l'Apôtre, du visible à l'invisible, cherche dans l'invisible la certitude de ce qui se voit et ébranle ainsi le fondement naturel de toute certitude. En n'apportant aucune restriction au principe de l'évidence interne, en faisant de la raison individuelle le juge unique et souverain de toute vérité, Descartes rejette, avec le témoignage des faits, l'autorité de Dieu qui révèle, des divines écritures qui nous transmettent sa parole, de la tradition et de tout l'enseignement de l'Église. C'est le rationalisme et l'individualisme. La philosophie n'est pas seulement séparée et indépendante de la foi, elle devient son irréconciliable ennemie. Ce n'est pas une réforme, c'est toute une révolution. Aussi est-ce avec raison que l'impiété fait de Descartes le Père de la libre pensée et salue en lui l'aurore des temps nouveaux. Le cartésianisme est l'origine de toutes nos erreurs. Il portait dans ses flancs le germe fatal de la philosophie du xviiie siècle et des maux profonds qu'elle a enfantés dans le monde et dont nous sommes, tant au point de vue intellectuel qu'au point de vue social, les tristes héritiers.

Descartes fut un puissant génie mathématique, un grand écrivain français et un penseur de haute marque. Mais il a trop apporté, en philosophie, de ses habitudes de géomètre. De même qu'il disait : « Donnez-moi de l'étendue et du mouvement et je ferai le monde », il pensait aussi : « Donnez-moi des évidences et la méthode mathématique et je créerai la science universelle. » Il s'est laissé abuser par la simplicité et la rigueur des démonstrations abstraites et logiques dont il a fait le type de toute certitude, l'instrument de toute vérité. C'est ce qui explique cette prétention, naïve à l'excès, de refaire seul, en quelques années, un édifice lentement et péniblement élevé, au cours des siècles, par toute une armée d'ouvriers et d'architectes, dont quelques-uns s'appellent Aristote, saint Augustin, saint Anselme, Albert le Grand, saint Bonaventure et saint Thomas d'Aquin, pour ne citer que les très grands noms. Et c'est ce qui explique aussi, pour une bonne part du moins, les erreurs essentielles de cette philosophie improvisée et qui s'était par surcroît privée des directions lumineuses de la foi, erreurs qui, développées par les successeurs de Descartes, devaient aboutir à un amoncellement de ruines.

II

LEIBNITZ.

Chercher à expliquer le monde, c'est croire qu'il est intelligible et un. Or, Descartes l'a scindé en deux parties, qui s'excluent mutuellement. Aucun moyen de les raccorder : il faudra nécessairement sacrifier l'une ou l'autre, et aller à l'idéalisme ou au matérialisme, sans pouvoir s'arrêter entre les deux.

Leibnitz, un des plus grands génies de tous les temps, et l'esprit le plus complet peut-être de ce XVIIe siècle, si fertile en hommes extraordinaires, prend le premier parti. Il nie la réalité de l'étendue et conçoit l'univers physique comme formé tout entier de points indivisibles et actifs qu'il appelle monades, en raison de leur absolue unité. Ce sont comme des âmes inférieures, distinctes de la nôtre, en ce qu'elles ne sont douées ni de raison ni de conscience réfléchie. Toutes ensemble, elles forment une vaste hiérarchie, au sommet de laquelle se place Dieu, monade des monades, et qui les a appelées à l'être par création. Une gradation insensible les sépare : tout est continu dans la nature, tout est âme, tout est vie. On passera donc facilement, semble-t-il, du corps à l'âme, et leur union, incompréhensible chez Descartes, paraît ici assurée. « Quand j'en fus là de mes pensées, nous confie Leibnitz lui-même, je crus être au bout de mes peines. » C'est justement là que les difficultés insurmontables l'attendaient.

C'est qu'en effet, toute monade est une unité close, rien n'y entre, rien n'en sort. Toute leur activité part d'elles et se termine à elles. Les accidents sont liés aux substances dont ils émanent. Comment le mouvement d'une monade, qui est un accident de cette monade, considérée comme substance, irait-il se détacher de cette monade pour se promener dans les autres, auxquelles il est étranger ? Il n'y a pas d'action transiente, pas d'échange possible entre les monades. Chacune change indéfiniment, comme tout ce qui est imparfait, mais ses changements et mouvements lui restent intérieurs. Dès lors, il se trouve y avoir entre la monade reine ou l'âme, et les monades qui, spontanément, affirme Leibnitz, se subordonnent à elle et forment ensemble notre corps, une distance à jamais infranchissable. Finalement, le problème de leurs relations est plus compliqué que chez Descartes. *Mon système, écrit Leibnitz, fait que les corps agissent comme s'il n'y avait pas d'âme, et les âmes, comme s'il n'y avait pas de corps.* (Monadol., § 81.) Mais alors, comment se fera la pensée ?

Elle sortira évidemment tout entière de l'activité interne de l'âme. Il en est de même de la simple sensation : elle naît du fond de l'esprit et le corps n'y est pour rien. Nous voilà ramenés par un long détour au subjectivisme cartésien. Bien plus, l'observation externe devient désormais inutile et impossible : ce que nous appelons *observation sensible* n'est en réalité, dit Leibnitz, qu'une *spéculation confuse*. L'âme, et l'âme, seule est donc à la fois le sujet et l'objet de la sensation. Ce que nous percevons et expérimentons, c'est toujours et uniquement nous-mêmes.

On aura beau, après cela, distinguer l'intelligence des sens, établir entre eux une différence de nature, faire de la première comme un reflet de l'intelligence divine, toujours est-il qu'elle ne pourra s'exercer que sur des données immédiates toutes subjectives. Comment de ces prémisses l'objectivité pourrait-elle sortir? Leibnitz nous jette en plein idéalisme : la pensée n'enveloppe plus qu'elle-même, le monde extérieur nous est inaccessible, et ce qu'illusoirement nous appelons de ce nom n'est que la projection involontaire, hors de notre conscience, de ce qui se passe en elle seule.

Alors, à quoi bon l'Univers? Comment expliquer l'harmonie et la stabilité de ses lois? Que devient son unité! Comment mon corps se meut-il à la suite de mes représentations et de mes volitions? Que vaut enfin ma connaissance? Si elle n'exprime que ce qui se passe en moi, comment puis-je la considérer comme traduisant· les lois mêmes de la nature? C'est ici que se place l'harmonie préétablie : Dieu a créé toutes les monades sur un plan identique. Sans doute, elles diffèrent toutes en perfection, mais le degré de cette perfection même se mesure précisément au degré de netteté et de conscience avec lequel chacune représente l'univers. Elles ont, de par leur nature, le pouvoir de dérouler en elles, sous forme de *perceptions* tantôt obscures et inaperçues, comme c'est le cas pour les monades qui constituent la matière, tantôt plus claires et suivies d'*aperception*, comme il arrive pour les âmes véritables, les changements prévus et voulus par Dieu dans l'ensemble, et d'y conformer leur action spontanée ou *appétition*. Bref, elles ressemblent, pour emprunter la comparaison même de Leibnitz, à des horloges si bien réglées, dès le principe, qu'elles marquent toutes, partout et toujours, la même heure au même moment, sans que le mouvement de l'une influence jamais celui des autres et n'en soit ni l'effet ni la cause. Grâce à cette explication, aussi ingénieuse que peu naturelle, la connaissance humaine se trouve correspondre, au moins analogiquement et dans ses lois générales, à la réalité extérieure.

Mais où trouver la garantie d'une hypothèse si énorme, et qui, au lieu de rendre compte de l'expérience sensible, la contredit et la dément à chaque instant? Il est évident que l'objectivité restera dans cette explication un douteux et angoissant problème, et lorsque Kant déclarera l'objet inconnaissable et prétendra que les lois de l'univers ne sont pas autre chose que les lois mêmes de notre entendement, il paraîtra suivre tout simplement jusqu'au bout le mouvement de la pensée leibnizienne.

Mais il y a plus, et les conséquences de ce système sont encore plus graves que ses erreurs. Il est évident d'un côté que la liberté n'y a pas de place: la volonté est bien obligée, en effet, de choisir ce qui seul correspond aux changements des corps. Impossible de toucher, si peu que ce soit, à l'enchaînement rigoureux de nos pensées; un seul anneau déplacé de cette chaîne d'airain de nos états intérieurs troublerait toute l'harmonie de l'univers entier. « Tout présent état d'une monade est naturellement une suite de son état précédent, tellement que le présent y est gros de l'avenir. » (Monadol., § 22.)

D'autre part, puisque toute monade est close et ne reçoit rien du dehors, que devient la Révélation? Elle n'est même plus possible, et pas davantage l'enseignement de l'Église, puisque ce sont choses qui s'imposent à l'âme du dehors. C'est le congé définitif des dogmes. Que devient le miracle, cette intervention de la puissance, de la liberté et de la bonté souveraine de Dieu? Il n'a plus de place dans un monde où toute solution de continuité reste inconcevable. Voilà la révélation et le miracle impossibles à priori. Nous touchons aux vraies sources du rationalisme radical et de l'immanentisme.

Certes, Leibnitz n'admettait pas toutes ces conséquences, car il croyait sincèrement à la Révélation, et ce fut l'objet d'un de ses opuscules d'établir l'alliance de la raison et de la Foi. Ses intentions étaient bonnes, tout comme celles de Descartes; la logique de ses idées les a trahies et sa philosophie a été funeste.

On pourrait aller plus loin et montrer que Kant est virtuellement contenu dans Leibnitz. Puisque les monades n'ont pas d'action transitive, il n'y a pas, pour lui, de causalité externe, mais seulement des conséquutions. Le principe de causalité n'est par conséquent applicable et n'a de valeur qu'à l'intérieur même du moi. On ne saurait donc s'en servir légitimement pour démontrer l'existence de Dieu ou de l'Univers. Que devient alors la métaphysique? Leibnitz a comme tendu à Kant l'arme dont il devait user et abuser, pour détruire toute certitude objective et, par là même, toute philosophie.

III

KANT.

La vaste synthèse idéaliste de Leibnitz, qui ne manquait assurément pas de grandeur, et qui, par la magnificence des proportions et
de l'ordre, rappelait celle d'Aristote, ne reposait en définitive que sur
l'harmonie préétablie. Base bien fragile, pour un si gigantesque édifice, échafaudage tout de spéculation, que rien n'appuyait sur le terrain solide de l'expérience.

Kant, esprit positif, raisonneur sans doute, mais averti, et rendu
difficile, en fait d'explications, par la critique de Hume, laisse tomber
toutes ces hypothèses *à priori,* dont on ne peut contrôler la vérité en
leur appliquant la règle de l'évidence posée par Descartes.

Une seule chose est manifeste : la série intérieure et déterminée de
nos états de conscience. Tout le reste nous échappe. Approchons-
nous d'ailleurs pour mieux voir : afin de fixer, une fois pour toutes,
les limites de notre connaissance, Kant va en examiner, sous nos
yeux, l'instrument, et se rendre un compte exact de ce qu'il peut, et
de ce qui dépasse sa portée. C'est le seul moyen de couper court, dans
l'avenir, aux spéculations oiseuses et stériles.

Or, la raison se partage naturellement, dit-il, en trois grandes
divisions : *l'Entendement ou Raison théorique, la Conscience morale ou
Raison pratique,* et *le Jugement,* ce que nous appellerions aujour-
d'hui *l'Esthétique.*

La raison pure comprend à son tour trois sous-facultés : *les sens,
l'intelligence* et *la raison proprement dite.* Soyons attentifs : l'analyse
de la connaissance sensible commence :

I. LES SENS. — D'abord, il faut poser en principe que toute vraie
connaissance doit contenir, en dépit de Leibnitz, un élément *sensible*
venu du dehors, et, malgré les dénégations de Hume, un élément
rationnel, ajouté du dedans. Sans le premier, on n'expliquera pas
pourquoi l'aveugle-né ne peut jamais arriver à se faire une idée de la
couleur et de la lumière ; et, sans le second, il sera tout aussi impossible de rendre compte de ce fait, que l'idiot, même pourvu des sens
les plus affinés, reste impuissant à acquérir la moindre notion scientifique.

Les perceptions sensibles sont donc le résultat d'une réalité incon-
nue et indéterminée, entrée du dehors dans les sens, et d'une sorte
de marque ou de sceau que ceux-ci leur impriment en les recevant.

Chaque perception renferme ainsi un élément *objectif*, recu *passive-ment* par le sens, c'est sa *matière*, et un élément *subjectif*, *à priori*, imposé *activement* par le même sens à cette matière reçue, et c'est sa *forme.*

Quel est cet élément *à priori*, que le sujet ajoute à l'objet, pour le déterminer? C'est *l'espace*, représentation sensible idéale *à priori*, forme commune de toutes les sensations externes, et le *temps*, autre représentation sensible idéale *à priori*, forme commune de toutes les sensations internes. Kant appuie ces vues sur l'expérience : la façon dont se comporte le tout petit enfant, vis-à-vis des objets qui l'entourent, montre qu'il apporte, innée, la notion *d'espace*, et, s'il n'avait pas de même, innée, la notion du *temps*, il brouillerait toutes ses perceptions et ne saurait mettre entre elles ni ordre ni suite. Ne voit-on pas le jeune poussin, à son tour, courir après une mouche, alors qu'il traîne encore, au bout de sa queue, un fragment de coquille, et revenir tout droit vers sa mère, qui l'appelle?

Il suit de là, que les choses, considérées *en elles-mêmes*, indépendamment de l'esprit qui les perçoit et qui leur imprime ses formes, n'existent *ni dans le temps, ni dans l'espace*. Par conséquent, la sensibilité, en nous les représentant comme étendues et successives, ne nous les montre pas comme elles sont en elles-mêmes, mais seulement comme elles nous *apparaissent*. Elle ne nous fournit donc que des apparences ou *phénomènes*, et comme la réalité objective n'a d'autre porte d'entrée que les sens, pour l'introduire du dehors dans l'entendement, il faut conclure, de toute nécessité, que la raison tout entière, considérée dans ses trois manifestations, n'atteint que des phénomènes et des relations, jamais cette réalité véritable, cette chose *en soi*, qui se cache derrière eux.

II. L'INTELLIGENCE. — Examinons maintenant l'intelligence : son rôle, dit Kant, est d'élaborer les perceptions des sens, en les reliant entre elles, suivant certaines lois, de manière à en tirer des jugements, puisqu'elle est proprement la faculté de juger. Or, juger, c'est unir les perceptions sensibles en les faisant entrer dans les notions générales que, depuis Aristote, on appelle *catégories*. Il étudie donc ces notions et particulièrement la catégorie de *cause*, qui occupe le premier rang en importance. Il démontre, comme Hume, que cette idée ne peut venir des sens. Les sens nous montrent bien la suite des phénomènes, mais ils ne laissent jamais voir la vertu secrète, qui les ferait s'engendrer l'un l'autre. L'idée de cause est donc une idée rationnelle *à priori*. Étendant son explication à l'ensemble des catégories, il déclare qu'elles sont toutes, sans exception, des fonctions innées de l'intelligence, des formes *subjectives* du jugement, tout comme l'espace et le temps ont été reconnus déjà des formes subjectives de la perception sensible. Elles constituent *l'élément inné et à priori* de la connaissance intellectuelle. L'intelligence ne les reçoit pas d'ailleurs, mais les tire de son propre fonds, et les impose, comme *formes*, aux phénomènes de la perception sensible qui sont la *matière* de nos jugements. Ainsi, de même que les sens, l'intelligence ne connaît que des apparences. En somme, sens et intelligence, dans l'acte de connaissance, s'atteignent surtout eux-mêmes, et l'élément *à priori*, la forme imposée du dedans, est l'essentiel, presque le tout de la pensée. Les sens constituent, à peu de chose près, les phénomènes ; l'intelligence crée de toutes pièces les relations dont elle se sert pour les relier. D'autorité, elle les déclare, *à priori*, quantité, qualité, cause, effet ; non qu'elles le soient en réalité, mais parce qu'elle leur ordonne de l'être. Kant peut dire sans exagération : « C'est l'entendement qui dicte ses lois à l'univers, c'est l'entendement qui fait le cosmos. »

III. La Raison proprement dite. — Passons à la raison proprement dite : c'est le suprême pouvoir de synthèse de l'esprit, ce que les anciens appelaient le *nous*. Son rôle est de ramener tous les jugements de l'intelligence à quelques idées très générales, à les faire entrer dans quelques synthèses supérieures. C'est ainsi que, s'appliquant à l'ensemble des phénomènes de la sensibilité externe, unis par les catégories intellectuelles, la raison proprement dite forme l'idée d'univers ou cosmos et donne naissance à la science appelée cosmologie. Unifiant ensuite la série entière des faits et des lois qui dérivent des sens internes, elle forme l'idée d'âme et fonde la psychologie. Enfin, synthétisant la totalité des phénomènes, elle crée l'idée de Dieu et, avec elle, la théodicée ou théologie naturelle et rationnelle.

Mais ces idées ainsi formées n'ont aucune valeur en dehors de la raison même, dont elles expriment simplement les points de vue et les nécessités propres. *Objectivement*, elles ne correspondent pas davantage à des êtres réels que les formes *à priori* de la sensibilité ou les catégories de l'intelligence. Elles ne prouvent nullement qu'il y ait en effet un monde, des âmes, un Dieu. La raison n'atteint *que des phénomènes*, elle est reconnue incapable de connaître jamais une substance et un absolu quelconque. Descartes disait : « Je pense, donc je suis », et il entendait par là : je suis une substance. Vice de logique : il passe subrepticement de l'ordre phénoménal à l'ordre réel des choses en soi. Il n'a que le droit de dire : je me perçois comme sujet logique de ma pensée et non comme sujet réel et substantiel.

En résumé, les sens, semblables à des observateurs armés de lunettes, perçoivent *un je ne sais quoi*, à travers leurs verres déformants, dont l'un s'appelle *l'espace*, et l'autre le *temps* ; de là naissent les phénomènes. L'intelligence, braquant sur eux ses douze catégories, comme une lorgnette prismatique à douze verres réfracteurs, donne naissance aux divers jugements. Enfin, la raison proprement dite, prenant trois points de mire sur le tout, forme les trois idées essentielles : monde, âme et Dieu, qui sont le produit de trois réfractions successives. La connaissance sensible est déjà une apparence phénoménale, toute relative à notre façon de percevoir ; la connaissance intellectuelle se compose de douze apparences de cette apparence, et la connaissance proprement rationnelle de trois nouvelles apparences de ces apparences premières. L'être n'a guère chance de transparaître sous cet échafaudage compliqué de phénomènes. L'intuition ne l'atteint pas. Mais, dira-t-on, le raisonnement le pose, car les phénomènes postulent de toute nécessité une substance et une cause. Nullement, dans la critique kantienne : ces catégories subjectives n'ont pas d'application valable, en dehors des phénomènes, dont elles servent uniquement à faire la liaison. Ce lien rend la science possible, pourvu qu'on la limite aux phénomènes et qu'on ne veuille pas l'étendre au delà. Quant à la certitude objective et à la métaphysique, elles sont enfermées désormais derrière une triple porte d'airain.

Des phénomènes déterminés et relatifs, avec divers degrés, et pour préciser, avec trois degrés croissants de synthèse, voilà tout ce que nous connaissons et voilà tout ce qu'il faut garder de Leibnitz. Le reste : l'âme, les monades, Dieu, c'est *l'inconnaissable*.

Ici se termine la critique de la raison pure. Elle consacre, comme on voit, le triomphe de la subjectivité, du phénoménisme et de la relativité de la connaissance. Elle proclame bien haut *l'agnosticisme radical*, et non pas un agnosticisme accidentel et pour ainsi dire inconscient, mais raisonné, voulu, définitivement légitimé et scientifiquement établi.

Nous verrons bientôt ce que vaut cette théorie de la connaissance de Kant. En attendant, constatons que la philosophie est au tombeau, que la pierre est scellée, et que cette fin, aussi inattendue que précipitée, est le résultat d'une méthode et de principes que Descartes avait mis en œuvre pour l'affranchir et lui donner sa pleine vie.

Kant a jeté la raison théorique dans le creuset de la critique. Il n'y a plus retrouvé que la science : la philosophie s'est échappée tout entière en fumée.

Mais la raison théorique n'est pas le tout de l'esprit. A côté d'elle, il y a d'autres facultés de connaître qu'il faut à leur tour analyser. C'est d'abord le *Jugement* du beau, et de la finalité qu'il exprime. L'intelligence prononce que tout phénomène est lié immédiatement à un autre phénomène, que dans la série infinie de causes et d'effets que déroule l'expérience, il n'y a pas d'intervalle vide où l'on puisse glisser le moyen et le but. Et néanmoins, tant qu'il y aura un homme au monde, son esprit sera frappé de la convenance finale que présente la structure de l'œil ou de l'oreille, il s'étonnera jusqu'à l'admiration et au ravissement de la singulière correspondance et de la prodigieuse harmonie qu'il percevra dans un organisme vivant entre les parties et le tout.

L'intelligence a beau dire qu'un mécanisme rigoureux et aveugle règne partout dans l'univers ; toujours le sens esthétique répond : non, il y a un plan préconçu, j'aperçois clairement un but poursuivi. Mais ce ne sont là, de part et d'autre, selon Kant, que des vues subjectives, de pures nécessités de la pensée. C'est le *Jugement* qui fait la beauté et la finalité, tout comme l'*Intelligence* fait la vérité. Quant à savoir si les choses sont belles et harmonisées en elles-mêmes, c'est une autre question et qui demeure insoluble.

La critique du Jugement corrobore donc, au lieu de l'infirmer, le scepticisme radical de la raison pure. Nous nous trouvons ici-bas privés de lumière et de direction : la vie est une prison perpétuelle et sans issue, au seuil de laquelle, comme à l'entrée de l'enfer de Dante, il faut déposer toute espérance,

Il en serait ainsi, dit Kant, si l'intelligence était réellement, comme l'ont prétendu Aristote et les scolastiques, la reine de nos facultés. Mais par bonheur ce n'est pas elle qui porte le sceptre. La raison pratique ou volonté a chez nous plus d'importance : c'est à elle de commander, ainsi que Descartes l'avait entrevu. L'analyse nous montre qu'elle pénètre aussi plus avant, que seule elle nous fait dépasser le phénomène et nous introduit, par une voie mystérieuse, jusqu'au sein des *choses en soi*. Ses lois, toutes différentes de celles de l'intelligence, n'expriment plus, comme ces dernières, des rapports de détermination nécessaire, objet et condition de la science positive, mais édictent des ordres qui obligent sans contraindre. De tels impératifs impliquent un agent libre.

L'intelligence avait exclu la liberté de l'ordre phénoménal, il lui était impossible de voir au delà et de dire si le déterminisme régissait de même les réalités objectives (1). Or voilà que la volonté va plus loin : en affirmant catégoriquement le devoir, elle pose la nécessité même de l'indétermination. La liberté en sort comme une eau vive de sa source : je dois, donc je puis. De là résulte tout de suite le mérite et la vertu. Mais la raison exige que le bonheur s'y joigne comme un compagnon fidèle et inséparable. C'est ce qui ne se voit guère en ce monde. Il faut donc admettre encore l'immortalité et une autre vie dans laquelle vertu et bonheur coïncideront. Or, cela même n'est possible que s'il existe en même temps un être assez sage pour apprécier la valeur morale, assez juste et assez puissant pour proportionner le bonheur au mérite de chacun. Nous voilà revenus à la métaphysique, non plus par la voie fermée de la spéculation, mais par les exigences de l'action. Elle constitue comme une dogmatique naturelle, postulée par le fait moral, indémontrable sans doute pour l'intelligence, mais présentant cependant, au dire de Kant, une certitude, qui, pour être d'un autre ordre que celle de la science, n'en est pas moins incontestable. C'est assez, croit-il, pour redonner à la vie l'idéal et le sens, dont la critique de la raison pure l'avait dépouillée.

Tel est le Kantisme dans ses très grandes lignes. Il se caractérise nettement par la séparation absolue qu'il établit entre la théorie et la pratique. D'un côté, c'est un phénoménisme subjectif sans issue, de l'autre, un primat de la volonté et de l'action qui, en posant le devoir, ouvre toute une perspective sur l'au-delà des phénomènes et permet de régler en conséquence sa conduite.

Qu'il dérive de Descartes, tout éloigné qu'il en paraisse, il est trop facile de le voir. Car si la pensée est la seule réalité directement perçue et qu'elle ne reflète point le moi essentiel, nous voilà, sans plus, arrivés au phénoménisme interne et, pour nous en tirer, nous n'aurons qu'à nous souvenir que les cartésiens tiennent l'intelligence pour un pouvoir limité et la volonté pour une puissance infinie. Tout Kant est là. Pourtant ce n'est pas cette voie de la conséquence qu'il a suivie. Il est venu à la critique par la science. Un fait l'a frappé : la science s'impose, elle réussit, ses lois ont une sorte d'infaillibilité. On ne trouve rien de semblable dans l'idéologie à priori d'un Descartes ou d'un Leibnitz. Pourquoi ? Quelle différence y a-t-il donc entre

(1) Cependant, puisque d'après Kant les choses en soi sont hors du temps, c'est-à-dire de la succession et de la durée, sans lesquelles aucun déterminisme n'est possible, il semble bien que l'intelligence doive logiquement et légitimement conclure que la réalité véritable n'est pas soumise profondément au déterminisme et au mécanisme, que le jugement esthétique s'approche plus qu'elle de l'absolu, nous met sur la voie des révélations de la raison pratique et fait ainsi le pont entre les deux.

2

les propositions métaphysiques et les propositions scientifiques C'est que, dit Kant, les premières sont stériles, l'attribut ne faisant qu'y répéter le sujet en totalité ou en partie et par conséquent ne nous apprenant rien de nouveau. Par exemple, si je dis : Dieu est infini, au fond je ne dis rien, car en posant Dieu j'avais déjà posé son infinité, je répète simplement le sujet en me servant d'un terme différent. Au contraire, si j'énonce ce jugement : le temps est froid, je vois tout de suite que l'attribut ajoute une propriété qui n'était pas contenue dans l'idée de temps. Voilà donc un progrès accompli. Mais pour qu'une proposition entre dans la science, il ne suffit pas qu'elle apporte quelque chose de nouveau, il faut encore qu'elle exprime une vérité *permanente,* c'est-à-dire que l'attribut y soit *nécessairement* lié au sujet. Le temps est froid n'est pas un jugement scientifique, car il ne fait pas toujours froid. Mais l'eau bout à 100° est un jugement scientifique, car la température de l'eau qui bout est constante et correspond toujours au degré 100, sous une pression atmosphérique normale de 0,76. Or, comment puis-je affirmer de tels jugements qui sont *universels* et *nécessaires,* alors que l'expérience ne me montre jamais que des faits *individuels* et *accidentels?* C'est évidemment, selon Kant, que la raison ajoute à la simple appréhension des choses ces caractères mêmes, de sorte que ces jugements, tout expérimentaux qu'ils sont, ne laissent pas d'être en même temps rationnels et *à priori.* L'expérience en fournit la *matière* et la raison la *forme.* C'est ce que Kant exprime en disant que toute vraie connaissance se compose uniquement de *jugements synthétiques à priori.* Or de tels jugements ne sont possibles que si la raison elle-même en fait le lien. Voilà comment il démontre que c'est l'esprit qui impose ses lois aux choses.

C'est là le point essentiel, le nœud vital, pourrait-on dire, du kantisme. Le frapper à cet endroit, c'est le tuer. Or, cette théorie tout entière repose sur une fausse interprétation des opérations intellectuelles. Kant a été victime ici de la psychologie cartésienne. En n'établissant aucune séparation entre la perception sensible et la conception intellectuelle, Descartes confond deux pouvoirs très différents et deux ordres de connaissance tout à fait distincts. La sensation et l'image, qu'en garde la mémoire sensible, sont matérielles, individuelles, concrètes, accompagnées de déterminations particulières, dans le temps et dans l'espace. Tout au contraire, le concept est spirituel, général, abstrait, sans relation d'aucune sorte avec le temps ou le lieu, universel, c'est-à-dire pouvant s'appliquer à tous les êtres ou phénomènes du même ordre, partout et toujours. Le chien que j'ai devant moi est de fort belle taille, a une grosse bonne tête, des yeux brillants, une fourrure en broussaille gris foncé, répond au nom de Sultan, et vit au Petit Séminaire de Bon-Encontre, dont il est le très fidèle gardien, en l'année 1916. Mais le chien tout court, cet ensemble lié et permanent de caractères, auquel je donne ce nom de chien, n'existe à proprement parler nulle part et à aucune date, il ne possède pas de marques individuelles. On ne peut lui attribuer une tête grosse ni petite, ses yeux n'ont ni forme ni éclat particuliers, il n'a ni couleur, ni taille, ni nom en propre, mais il représente tous les chiens qui ont été, sont et seront, n'importe où et avec toutes les déterminations possibles. Voilà certes deux objets qu'on ne saurait assimiler et qui s'opposent l'un à l'autre. Si le premier est le résultat d'une perception sensible, il ne peut en être de même du second, car ce qui est sensible est toujours en même temps matériel, singulier et de tous points déterminé. L'idée abstraite et générale relève donc d'une faculté absolument différente des sens, spirituelle, active, capable d'abstraire ; *l'intelligence proprement dite,* dont le rôle, méconnu par l'école cartésienne, est précisément de saisir, en le dégageant, l'essentiel, le permanent, l'universel, contenu dans le particulier, le passager, l'accidentel de l'image sensible. On voit maintenant toute la portée de la très grave erreur de Descartes, devenue générale depuis, qui confond sous la même appellation les sens et l'intelligence, et qui fait du tout une seule et même faculté purement passive et contemplative (1). C'est la source de presque tous les malentendus et des inextricables difficultés de la psychologie comme de la métaphysique.

Si cette analyse est exacte et si cette critique porte juste, le jugement scientifique n'est nullement, comme l'affirme Kant, un lien rationnel entre deux perceptions concrètes et individuelles, mais bien un rapport dont la nécessité objective, saisie par l'intelligence, est fondée sur la généralité et l'universalité des idées qu'il unit. Ce qui me permet d'énoncer cette loi que l'eau bout à 100°, c'est que l'intelligence considère dans l'image concrète d'une eau particulière une *nature* qui, sous des déterminations diverses, comme sous autant de vêtements de rechange, reste identique à elle-même, et, dans l'image individuelle de l'ébullition, un *phénomène général* que présente cette nature dans des conditions définies, à savoir si on en porte la température au degré + 100. De sorte que toute nouvelle expérience n'est plus que la répétition exacte des précédentes et qu'il n'y a vraiment

(1) Chez Descartes, l'intelligence ne fait rien ; chez Kant, elle fait tout, mais le résultat n'est guère différent : d'un côté comme de l'autre, la connaissance s'établit en dehors de la réalité, en plein idéalisme.

qu'une seule expérience indéfiniment renouvelable et parfaitement égale dans tous les cas, en ce qui intéresse l'observation même.

Dès lors, l'édifice tout entier de la raison pure s'écroule, et le primat de la conscience morale devient à son tour inutile. Il ne pouvait d'ailleurs rendre les services qu'on lui demandait. En effet, tout d'abord l'impératif catégorique du devoir est un jugement et à ce titre fait incontestablement partie de l'ordre phénoménal. Les déductions que Kant en tire pour le monde des *choses en soi* ne sont donc nullement valables, car la légitimité de nos conclusions rationnelles ne s'étend pas, selon lui, hors des phénomènes. C'est en vain que nous appliquons au delà la catégorie de cause. L'âme ne saurait par conséquent être dite cause, elle ne peut donc pas être cause libre. Il faut aussi pour le même motif lui refuser les caractères de substance et d'unité et cesser de la considérer comme un individu. Il n'y a donc pour elle ni liberté, ni immortalité personnelle. Elle se confond désormais avec l'Universel et l'Indéfini indéterminable. C'est déjà le moi absolu de Fichte remplaçant le Dieu personnel de Kant qui n'a plus de rôle à remplir. Et que peut être d'ailleurs une volonté autonome qui commande avec une autorité absolue et en son propre nom ? Il est difficile d'y voir autre chose qu'une contradiction grossière, à moins qu'elle ne soit la manifestation d'une nature divine. La divinisation du vouloir et de la personne humaine, tel semble bien être le dernier mot du kantisme. Il aboutit logiquement à un *volontarisme panthéiste* avec décapitation de l'intelligence. Or, tels paraissent précisément être aussi, comme nous allons le voir, les traits essentiels de la philosophie de M. Bergson, quelques différences qu'elle présente par ailleurs avec celle de Kant.

IV

M. HENRI BERGSON.

I. — *Circonstances et premier aspect de sa philosophie.*

Les pires erreurs, dit saint Thomas, sont celles qui portent sur l'intelligence. Kant a tellement faussé et dénaturé cette faculté, qu'il a rendu impossible toute vérité, aussi bien naturelle que révélée. La vérité est la prise de possession par l'esprit de ce qui est objectivement. Or, pour Kant, il n'y a rien d'objectif, ou du moins, si quelque chose existe, indépendamment de l'intelligence, il n'est pas, comme tel, susceptible de connaissance, il n'existe pas pour nous.

Aucun système peut-être n'a eu autant d'influence et une influence aussi néfaste sur la pensée contemporaine. Cependant, le positivisme a pesé aussi sur elle d'un poids très lourd. Réduisant tout notre savoir aux phénomènes sensibles et à leurs lois, il déclare l'absolu inconnaissable et vient ainsi par une autre voie rejoindre l'agnosticisme allemand. Il fait en outre appel à l'évolution, à laquelle, selon Spencer, tout est soumis, aussi bien dans l'esprit que dans la nature. De sorte que non seulement la vérité à nous connue est relative et bornée aux phénomènes, mais encore transitoire, variable avec le temps, différente aujourd'hui de ce qu'elle fut hier, de ce qu'elle sera demain.

Lorsque M. Bergson, à l'âge de 21 ans, entra à l'École normale, en 1881, kantisme et positivisme avaient tout envahi. C'est une triste histoire que celle de ce dernier quart du XIXᵉ siècle. Partout, en Europe et dans le nord de l'Amérique, mais plus particulièrement en France, s'impose un mode spécial de penser. On dédaigne, comme incertain et stérile, tout ce qui dépasse la pure expérience. On sourit au seul nom de métaphysique, la morale devient une simple enquête sur les mœurs, le surnaturel est nié, traité d'illusion de l'ignorance et banni *a priori* de la science, de l'histoire et même de la religion, considérée désormais dans les sphères intellectuelles officielles, comme un produit humain du sentiment, de l'imagination et des réglementations sociales primitives données comme sacrées et divines, afin de les entourer de plus d'autorité et de respect. Les dogmes passent pour des constructions venues plus tard pour tout expliquer en l'interprétant au profit des castes sacerdotales. La critique les repousse et les remplace par un dogme nouveau, mais intangible : *les limites de la connaissance.* Quiconque ne fléchit pas le genou devant l'idole ne pense plus. C'est le règne du scientisme et le triomphe de l'esprit primaire. Cette doctrine, exploitée par les sociétés secrètes contre le catholicisme, s'est faite chez nous religion d'État. C'est elle qui a dirigé toute notre politique et continue encore à la régir, contre nos intérêts nationaux les plus évidents. C'est elle qui a forgé les lois d'exception contre l'Église et dressé l'enseignement de l'école contre le sien. Elle a pensé et elle a dit : ceci tuera Cela. Et c'était infaillible, si Cela n'avait été d'une autre nature que ceci. — Étouffé à son tour dans cette atmosphère irrespirable et sans horizon, le spiritualisme a protesté. Mais sa voix a été si faible qu'on l'a méconnue. D'abord, il s'est vu obligé d'emprunter les organes puissants des adversaires : Critique philosophique de Renouvier, Revue philosophique de Ribot, n'ayant plus à son service aucun grand périodique. Plus ou moins atteint d'ailleurs par la contagion générale, il se défend mal, armé d'une psychologie fausse, héritée de Descartes et abâtardie de Kant. Tout en réclamant les droits de la métaphysique, il se montre en fait incapable d'en mettre une sur pied.

De plus en plus, il enseigne que nous ne connaissons jamais autre chose que nous-mêmes. Il part de la conscience où il place des sensations inétendues qui semblent nées là comme par génération spontanée. Ensuite, il fait appel à une illusion instinctive tout à fait inexplicable pour les projeter dans un espace imaginaire et en composer cette matière étendue qui est l'objet de notre expérience journalière. Mais le lien qui unit l'intérieur à l'extérieur reste toujours un mystère. On ne comprend ni comment la sensation se produit, ni pourquoi elle s'objective, ni surtout d'où lui vient la singulière propriété de s'étendre en s'objectivant. Si tout dans la conscience est inextensif, où puisons-nous donc la notion d'espace sans laquelle l'objectivation même serait impossible et pourquoi une partie du contenu de cette conscience se détache-t-elle du tout pour s'y opposer comme la matérialité à l'esprit, le mouvement à la pensée, la fixité à la mobilité, le déterminisme à la liberté ? Si le monde extérieur que nous voyons et touchons n'est fait que de nos sensations, comment expliquer qu'il déborde de toutes parts la conscience et que malgré le caractère nettement subjectif, variable et fragmentaire du contenu de celle-ci, nos prévisions scientifiques se réalisent au dehors ? Et que servira-t-il de dédoubler ce monde physique ainsi séparé du moi, d'un univers métaphysique, objectif sans doute, mais inaccessible, parce qu'il n'a de relations d'aucune sorte ni avec la représentation sensible, ni avec la conscience ? Au lieu d'expliquer la réalité, on n'a fait que la sectionner en trois fragments indépendants, dont aucun ne peut rejoindre les autres. On a rendu par là même à jamais inintelligible tout à la fois la perception extérieure, la science et la métaphysique. C'est la banqueroute universelle de la connaissance.

Telle était la situation humiliée et désespérée de la philosophie spiritualiste moderne, lorsque parut en 1887 une remarquable thèse de doctorat : *Les Données immédiates de la conscience*, révélant un penseur indépendant et un écrivain de haute valeur. C'était le coup d'essai de M. Bergson, qui professait alors la philosophie au Collège Rollin et qui a été appelé depuis au Collège de France. Beaucoup se tournèrent vers lui comme vers un sauveur attendu.

Il se montrait franchement spiritualiste, poursuivait d'une logique vigoureuse et implacable le mécanisme de l'esprit qui consiste à expliquer les opérations intellectuelles par des associations d'états de

conscience comme sur des agrégats d'atomes mentaux. Il déclarait
inacceptable l'interdit jeté sur la métaphysique et, chose inouïe depuis
Descartes, au lieu d'en demander le secret à la spéculation rationnelle,
il prétendait en trancher les plus ardus problèmes au moyen de l'expérience. Son livre était un premier essai de cette méthode nouvelle.
Il s'attaquait du coup à la grave question de la liberté et du déterminisme et par une analyse vivante, originale, pénétrante, mais subtile
à l'excès et fuyante par endroits, il faisait apparaître dans la liberté
la caractéristique même de l'esprit. Tout cela avec une maîtrise
incontestable, bien capable de faire illusion, un grand art d'exposition et d'expression où toutefois la précision fait souvent défaut. C'est
ainsi que dans cette liberté qu'il nous découvrait, il n'était pas possible de reconnaître la liberté intellectuelle dont on discutait parmi les
philosophes; c'était plutôt une sorte de spontanéité tout instinctive.
Les critiques avertis en firent la remarque et formulèrent des réserves
qu'ils étendirent aussi à la façon dont il entendait le temps ou durée
qui d'après lui constitue le fond même de la réalité.

En 1896, M. Bergson donnait un second volume très soigné et très
serré : « *Matière et Mémoire* ». Cette fois, c'est la question capitale
du spiritualisme et du matérialisme qui était débattue et solutionnée
par l'étude expérimentale de la perception et du souvenir.

L'auteur commence par mettre à nu toutes les contradictions de la
psychologie courante sur ces deux points, et dans des pages fouillées
et poussées il fait litière du subjectivisme de la connaissance sensible
et se déclare partisan de la perception immédiate du monde extérieur. Mais il ajoute que la perception consciente ne nous donne pas
le tout de la matière. C'est qu'elle n'est pas faite pour la connaissance désintéressée, mais pour l'action. Elle se borne à découper dans
la continuité du réel ce qui intéresse nos besoins. De là, la multiplicité des corps et leur indépendance apparente les uns des autres.
De là aussi leurs arêtes saillantes et leurs formes géométriques solides, car l'esprit en percevant la matière non seulement fait un choix,
mais contracte et solidifie ses mouvements. Pour passer de la perception à la matière, il suffirait, dit M. Bergson, d'en éliminer l'ap-
port de la mémoire qui se jette au devant de la perception pour la
gonfler de tous les souvenirs utiles à l'action possible qu'elle prépare,
et de défaire en même temps la contraction opérée par l'esprit, qui
en percevant la matière l'amène nécessairement à coïncider avec son
rythme de vie plus rapide infiniment que le sien : un moment unique
de la durée de l'esprit renfermant un nombre incalculable de moments
de la durée des choses.

Le souvenir de son côté n'est pas une simple sensation évanouis-
sante. Il y a plus qu'une différence de degré entre l'un et l'autre. La
sensation, c'est le présent de la conscience, elle est vivante et agis-
sante : le souvenir, c'est le passé déjà mort et qui n'agit plus.
M. Bergson distingue avec raison plusieurs plans de la mémoire
comme aussi la mémoire image et la mémoire habitude. Toutes ces
analyses, quoique exagérées et incomplètes (1), sont d'un psychologue
remarquable. Il a pourtant encore le tort de spiritualiser les images
comme Descartes et de leur donner pour siège l'âme seule au lieu de
les situer dans un organe matériel. Il s'efforce de démontrer par des
observations scientifiques que le cerveau ne renferme aucune image,
que, dans l'aphasie, ce ne sont pas les images qui sont lésées, mais
les mécanismes moteurs qui ne peuvent plus en prolonger les effets
utiles. Il en conclut que les images ont une existence extra-cérébrale
et donc que l'analyse de la mémoire nous met en présence d'une
réalité immatérielle. C'est un des points faibles de sa thèse (2).

La théorie de la perception, tout objective qu'elle est, ne laisse
pas de heurter les interprétations communes de la physiologie ner-
veuse. Le cerveau est pour lui un instrument d'action, et d'action
seulement. En aucun cas il ne sert à préparer des représentations.
Comment donc les choses font-elles impression sur nous? Tout est
dans tout. Un être quelconque de l'Univers peut être considéré
comme le point d'intersection où toutes les lignes d'interaction
venant de tous les points de l'espace se coupent. La photographie

(1) Voir dans l'excellente étude de M. Peillaube sur les *Images* le passage relatif à la mémoire. Il y indique et complète fort heureusement la théorie de
M. Bergson.
(2) Cette appréciation surprendra peut-être, car nulle part l'argumentation de
M. Bergson ne paraît plus sûre d'elle-même et nulle part aussi les faits empruntés
à la pathologie mentale ne semblent mieux vérifier ses vues. Mais ces expériences
ne disent pas ce que M. Bergson leur fait dire. Voici le résumé de sa démons-
tration : De deux choses l'une; ou bien les images sont emmagasinées dans le
cerveau, et alors la lésion des cellules qui les contiennent les supprimera radicalement, — ou bien elles existent hors du cerveau et en sont indépendantes, et
nous surprendrons là cette séparation entre l'esprit et la matière demandée
jusqu'ici au seul raisonnement. Or, les cas d'aphasie avec conservation des images
montrent que ces images ne sauraient exister dans des cellules cérébrales qui ont
été détruites. Donc elles existent forcément hors du cerveau, dans les plans de
la conscience. Le dilemme est faux, car il laisse en dehors de lui une troisième
alternative qui se trouve justement la vraie : ou bien les images ne sont con-
servées nulle part en tant qu'images, et le cerveau ne garde qu'une disposition
ou habitude à les reproduire. Mais cette disposition, on le comprend, dépend
moins de cellules particulières que de l'ensemble de la fonction. De là, tout à la
fois, sa conservation, malgré la lésion des cellules et aussi sa gêne. La démons-
tration du spiritualisme telle que la donne là M. Bergson reste impuissante et
est dangereuse dans la mesure de son impuissance même.

du tout existe donc *invisible* dans chacune des parties et à chaque moment de la durée. Le problème n'est plus, chose impossible d'ailleurs, d'expliquer comment certaines impressions reçues se changent en sensation, mais comment la perception tout entière, donnée partout et toujours à l'état *inconscient*, devient, dans les êtres vivants, partiellement consciente. C'est, dit M. Bergson, que les êtres inorganiques, soumis au déterminisme rigoureux, sont obligés de ne rien garder de l'action qu'ils reçoivent des autres êtres, mais de la rendre intégralement. Ils ne sont, pour ainsi dire, qu'un lieu de passage où les actions s'entrecroisent sans pouvoir s'arrêter jamais. En cela consiste leur nécessité même. Les êtres vivants, au contraire, jouissent tous à divers degrés d'une indétermination véritable. Leurs réactions ne sont pas un simple prolongement des actions reçues. Il faut donc que, parmi ces dernières, un choix soit fait, qui marque le sens de la réplique à fournir, que le vivant laisse passer tout ce qui n'intéresse pas ses besoins et ne sollicite pas son activité et qu'il arrête le reste, cette partie sur laquelle ses énergies vitales auraient prise. Elle viendra se réfléchir contre elles et y faire saillie en se détachant du tout. C'est précisément là ce que M. Bergson appelle *conscience*. Les psychologues ont eu tort selon lui de croire qu'elle projetait sa lumière sur l'ensemble de la perception en vue de la connaissance ; elle n'est qu'une sélection et son rôle se borne à éclairer ce sur quoi notre action peut s'étendre, laissant tout le reste dans la nuit de l'inconscient. L'explication est ingénieuse, mais nous verrons plus tard où elle tend.

Cette philosophie qui semble faire échec au kantisme, qui réfute le positivisme en lui empruntant ses propres méthodes, qui nous promet de nous donner une intuition exacte de la matière et de l'esprit et de nous conduire sans détours à l'*unique vérité ;* qui réduit à néant les prétentions du matérialisme — il déduit, en effet, chose impossible, la conscience de la matière, et de l'idéalisme — car il déduit à son tour, chose non moins impossible, la matière de la conscience ; cette philosophie qui nous débarrasse de la plupart des compromis dont n'avait pu se dégager l'école de Descartes et qui nous rapproche du réel, avait vraiment de quoi tenter les chercheurs de bonne foi. L'auteur paraît au reste très sûr de lui et parle avec l'autorité d'un oracle.

Mais nulle part il ne s'ouvre clairement sur ses visées ; il montre la route à suivre et dissimule les fondrières sous la frondaison luxuriante de ses métaphores. *L'Évolution créatrice* parue en 1907 a été pour plusieurs une déception. Il fallait bien sortir des interprétations de détail et donner une vue d'ensemble sur l'être et la métaphysique générale. Cette clarté relative, car la pensée de M. Bergson s'enveloppe volontiers de nuages, projetée sur toute l'œuvre, y fait éclater néanmoins la fausseté radicale et le suprême danger des principes qui en sont la base ou l'aboutissement.

Déjà sa méthode exposée un peu partout, mais spécialement dans un article fameux paru en janvier 1903, dans la *Revue de Métaphysique et de Morale*, et ayant pour titre : *Introduction à la métaphysique*, aurait pu ouvrir les yeux des lecteurs au courant des choses de philosophie. Laissons de côté les points particuliers de ces études, dont quelques-uns, très remarquables, resteront des modèles d'analyse et même, en partie du moins, de critique définitive, comme sa réfutation déjà signalée du matérialisme et de l'idéalisme, des théories de la perception dans la psychologie contemporaine, de l'associationnisme, ce mécanisme de l'esprit qui prétend rendre compte de la connaissance sans recourir à l'unité du sujet connaissant, et les mêmes thèses reprises avec force dans l'évolution créatrice et qui établissent l'insuffisance de tout mécanisme : de l'évolutionisme de Spencer, qui consiste à tirer le plus du moins et explique le mouvement évolutif même par les fragments inertes de l'évolué ; du transformisme de Darwin qui ne fait appel pour passer des formes inférieures aux formes supérieures de la vie qu'à des causes accidentelles et extérieures : l'adaptation au milieu, la lutte pour la vie, la sélection de hasard et la transmission héréditaire des caractères ainsi fortuitement acquis. On ne peut qu'être reconnaissant à M. Bergson de ces batailles aussi glorieusement gagnées que courageusement livrées. Mais avant de le suivre plus loin, il faut voir clairement où il va, c'est-à-dire examiner de près sa méthode et sa doctrine. C'est ce que nous nous proposons de faire maintenant.

II. — *La Méthode : l'Intuition opposée à l'Analyse.*

Kant et le positivisme se rencontraient dans une même triple déclaration de principe : L'intelligence a toujours une portée relative. — Elle se limite à la connaissance des phénomènes. — Ses opérations aboutissent toutes fatalement au déterminisme mécaniste, qu'elles s'exercent dans le domaine de l'esprit ou qu'elles s'appliquent à la seule matière. — La métaphysique, qui prétend saisir l'absolu des choses, se trouvait par là même bannie de leur conception, et la liberté devenait un problème insoluble.

M. Bergson se place exactement sur le terrain des adversaires, accepte leur point de départ commun, mais repousse la conséquence qu'ils en tirent. Pour lui, après comme avant, la métaphysique reste possible et la liberté peut s'expérimenter réelle. N'est-ce pas là débuter par un paradoxe ? Le paradoxe n'est, dit-il, qu'apparent, et voici le mot de l'énigme : Positivistes et Kantiens ont eu tort de considérer, *a priori*, avec l'ensemble des philosophes, l'intelligence comme un instrument de spéculation. Elle n'est nullement faite pour la connaissance désintéressée, mais pour l'*action* seulement. Dès lors, d'une part, le déterminisme pourra fort bien être vrai pratiquement et faux spéculativement ; et de l'autre, la relativité de l'intelligence ne s'étendre au contraire qu'à la *pratique* en épargnant la *théorie*. C'est, de tous côtés, la porte ouverte à l'absolu et à la métaphysique, en dépit de Kant et du positivisme, et peut être un essor nouveau et tout-puissant donné, avec leur appui même, à ce spiritualisme, dont ils se hâtaient un peu trop de triompher. Kant s'était d'ailleurs infiniment approché de cette vue, et elle pouvait se déduire de son système ; si l'intelligence ne commande plus à la volonté, mais lui obéit au contraire, qu'est-elle, désormais, en effet, qu'une dépendance et comme une annexe de notre pouvoir d'agir ?

Telle est la grande découverte que croit avoir faite M. Bergson et qui constitue le fond même et l'originalité propre de sa philosophie. A sa lumière, examinons tout de suite pourquoi la pensée s'égarait jusqu'ici, à l'en croire, et comment elle a désormais la certitude d'aboutir.

Nos sens externes ont découpé, dans l'ensemble de la matière, ce qui intéresse notre activité. Ils lui ont donné de plus, en le percevant, l'apparence d'une multiplicité discontinue, solide et immobile, tous caractères qui sont des conditions indispensables de notre action sur elle. Quant au reste, ils n'avaient pas à s'en inquiéter, leur rôle ne consistant pas à nous représenter les choses mêmes, mais à rendre possible et facile leur maniement. L'Univers de l'expérience, auquel nous avons affaire, n'est donc qu'un monde désarticulé, factice et d'aspect mort, véritable fantôme de l'Univers réel, un, mobile et vivant qu'il recouvre, ainsi abrégé et transformé pour les besoins et la commodité de la pratique. C'est, dit M. Bergson, ce qu'il ne faudra jamais oublier.

Sur ces fragments inertes travaille l'intelligence proprement dite. Elle les divise et les dissèque, au moyen de l'analyse. C'est-à-dire qu'elle prend sur eux, du dehors, autant de vues différentes qu'il lui est possible, en se plaçant chaque fois à un point de mire nouveau.

Qu'a-t-elle obtenu de la sorte? Une multitude de concepts, dont chacun ne fournit qu'un détail particulier de l'image totale et toujours relatif à la manière de l'envisager. Quelle lumière peut en résulter théoriquement? Aucune, répond M. Bergson, et la science qui sort de cette analyse n'a pas pour but de nous éclairer sur la nature des objets étudiés. Ce qu'elle cherche dans ce morcellement minutieux qu'elle en fait, c'est le moyen de s'en servir, c'est la possibilité d'exercer sur eux une action sans cesse plus détaillée et plus précise. Décomposer un symbole pratique en une infinité de nouveaux symboles ne saurait nous conduire à autre chose. Voilà pourquoi la science est doublement relative, d'abord à notre action même et ensuite au point de vue qu'on a adopté, et voilà pourquoi aussi elle n'a jamais qu'une valeur utile.

Mais la philosophie n'a de raison d'être que de pénétrer plus avant dans la réalité et de nous en livrer le secret. Elle doit donc se poser en connaissance théorique et absolue. Or, elle s'obstine, dit M. Bergson, à poursuivre son objet particulier au moyen de cette même méthode générale de l'analyse, qui nous en écarte toujours davantage, pour nous enfoncer plus avant, à chaque pas, dans la voie du relatif et de la pratique. Il est vrai qu'elle a surtout recours à la synthèse, mais qu'est donc là synthèse sinon un renversement de l'analyse? Elle consiste à unir ce que l'analyse a divisé. Comment un total, combiné de n'importe quelle manière, donnerait-il ce qui n'était pas contenu dans les parties? Analyse et synthèse, appliquées au monde de la perception sensible, évoluent donc toujours dans le relatif et ne sortent pas du symbole. Elles peuvent l'une et l'autre rendre d'utiles services dans le domaine de l'action, mais en tant que spéculation sur la réalité en soi, elles sont condamnées d'avance à tous les échecs, parce qu'elles la cherchent dans une direction qui lui est diamétralement opposée. Kant tire argument de cette impuissance contre la métaphysique même, mais c'est à tort. Que signifie-t-elle en effet? Tout simplement, dit M. Bergson, que la pratique n'est pas la théorie et qu'un symbole n'équivaut pas à la réalité, ce qui est l'évidence même.

Si de la nature nous passons à l'esprit, tout s'y retrouve identique. La mémoire et l'imagination, solidaires des sens externes, destinées à préparer, de concert avec eux, les mêmes actes, découpent, de leur côté, dans la continuité de notre vie mentale, ce qui peut servir à éclairer, en l'interprétant, la sensation présente, et le lancent au devant d'elle en vue d'assurer une réaction appropriée. Nous voyons, de ce fait, dit M. Bergson, l'unité de l'esprit se résoudre

artificiellement en une multitude d'états de conscience que, par
analogie avec les divisions tranchées de la matière et par l'introduction subreptice de la notion d'espace au sein de notre durée indivise,
qui est qualité plutôt que quantité et où tout se fond, à la manière
d'une harmonie musicale, nous nous représentons faussement
comme juxtaposés et capables d'agir mécaniquement les uns sur les
autres. C'est encore là un symbole qu'analyse utilement la science et
qui servira pratiquement. Mais quand la métaphysique s'en empare à
son tour comme d'une réalité véritable et qu'elle l'émiette en concepts
qui en seraient les éléments mêmes, possédant eux aussi une existence indépendante et exerçant une action mécanique réciproque,
origine du faux problème du déterminisme et de la liberté et finalement du spiritualisme et du matérialisme, nous savons, dit M. Bergson, ce qu'il faut penser de l'illusion qui l'entraîne.

Si nous voulons, pour de bon, atteindre l'absolu que la métaphysique nous promet, il faut, dit-il, abandonner les procédés intellectuels d'analyse et de synthèse, changer hardiment d'attitude et de
méthode. L'objet à saisir est bien là dans le symbole même qu'étudie
la science positive, sans quoi il échapperait à nos prises, puisque
nous ne connaissons rien d'autre. Il y est assurément, car le symbole
a été découpé lui-même dans l'ensemble du réel, comme une partie
dans le tout. Sans doute, il diffère de cette réalité primitive, au point
de n'en être plus qu'une traduction et un équivalent pratique, mais
semblable à un fleuve congelé, les changements subis sont de pure
surface, tout reste essentiellement le même en profondeur. Que
faisions-nous jusqu'à présent? Nous tournions autour de lui, comme
un physiologiste ou un psychologue qui, pour étudier les mouvements intimes de la vie d'un animal, se bornerait à le considérer de
l'extérieur après l'avoir immobilisé. Comment un nombre aussi
considérable qu'on l'imagine de notes, prises sur cette immobilité
même, pourrait-il nous fournir la moindre donnée sur les fonctions
du cœur ou du poumon par exemple, sur les réactions cérébrales et
le merveilleux mécanisme de l'instinct? Tout ce que nous pouvons
en attendre, c'est un renseignement utile, nous indiquant ce que les
choses sont *par rapport à nous*, ce qu'elles nous promettent ou ce
dont elles nous menacent; enfin, l'attitude qu'il nous convient de
prendre vis-à-vis d'elles. Mais pour savoir en outre ce qu'elles sont
en elles-mêmes et *absolument*, il faut, dit M. Bergson, renoncer à cette
position extérieure que nous avions d'abord adoptée en face d'elles
et entrer résolument *dans leur intérieur*, pour y coïncider avec leur
vie même.

Mais comment cela est-il possible ? L'intelligence, en mettant de côté l'analyse, sera-t-elle capable d'atteindre au cœur des réalités ? Non, répond M. Bergson, car ses concepts rigides, taillés sur les formes figées et discontinues de la matière, ne sont aptes à saisir rien d'autre. Tout ce qui est réalité vraie et profonde, depuis le simple mouvement jusqu'à la vie et à la pensée leur échappe, comme l'eau glisse à travers les mailles d'un filet. Leur multiplicité ne permet d'ailleurs de prendre, avec chacun, qu'une vue particulière qui, séparée ainsi des autres, s'y oppose par là même au lieu de les compléter en s'y ajoutant. Il y a plus, dit M. Bergson, et leur nature même les empêche de s'ajuster à aucune individualité véritable. Ce sont en effet des généralités qui représentent simplement des moyennes. Ils s'appliquent à des classes entières de choses et expriment ce qu'elles ont toutes de *commun* et par suite ce que chacune possède de *moins personnel* et de *plus banal*. L'intelligence et ses concepts sont faits pour abréger, pour établir pratiquement des raccourcis à travers les objets de l'expérience, grouper et fixer artificiellement ce qu'ils enferment de semblable et qui donne lieu à des actions identiques ; mais saisir ce que ces mêmes objets, pris individuellement, recèlent pour leur propre compte d'unique, d'inexprimable et d'incommunicable, voilà, dit M. Bergson, ce que l'intelligence avec ses concepts ne saurait faire. Or, il n'y a pas de métaphysique à moins. Dès lors, puisque l'intelligence est pour lui, comme pour les cartésiens, l'ensemble de nos facultés ordinaires de connaissance : sens, intelligence proprement dite et raison, c'est tout cela qu'il faut abandonner pour y atteindre. Rien de plus grave n'a sans doute jamais été dit par aucun philosophe. Nietzsche nous avait déjà transportés par-delà le bien et le mal, voici que M. Bergson propose à son tour de nous entraîner par-delà la logique. James, qui se déclare d'ailleurs décidé à le suivre, ne trouvant pas d'autre issue à son empirisme, qualifie cette détermination *in extremis* de *catastrophe intérieure*. Il semble bien en effet que ce soit là comme une sorte de saut de la mort et le suicide définitif de l'homme et de la philosophie.

Spéculer sans la raison, sans la logique ! De qui prétend-on se moquer ? Spéculer, répond M. Bergson, ne veut pas nécessairement dire raisonner et construire des hypothèses, opérations qui ne nous font jamais sortir du relatif ; spéculer signifie avant tout voir ce qui est et le saisir directement, dans un face à face immédiat. Le philosophe est celui qui sait s'élever au-dessus de la condition humaine : c'est le véritable surhomme. C'est un voyant qui contemple, un poète

qui s'unit à toutes choses en sympathisant avec elles, un devin qui
les pénètre, un prophète qui les révèle, ainsi que Platon et Plotin
l'avaient entrevu; un nouveau Prométhée, qui leur ravit ce feu du
ciel, caché dans leurs entrailles, qu'est l'absolue vérité.

Mais, avons-nous donc quelque pouvoir de connaître, distinct de
l'intelligence même? Oui, dit M. Bergson. Autour du foyer lumineux
qui la compose, s'étend comme une auréole plus pâle, c'est la nébu-
losité de l'instinct. Tandis que l'intelligence est orientée vers le
dehors et la pratique, l'instinct reste penché sur le dedans, sur la vie.
Plus souple que l'intelligence, il se moule sur le courant vital, comme
un vêtement onduleux qui en reproduit toutes les sinuosités. Il est
sympathie divinatrice et nous installe d'emblée au cœur des choses,
au lieu de les envisager du dehors, à la manière de l'intelligence. Il
est non plus connaissance analytique et discursive, c'est-à-dire par-
tielle et relative, mais *intuition* totale et absolue.

Pourtant une difficulté subsiste encore et capitale : l'instinct, là
même où nous le connaissons le mieux, dans la série animale, est
trop rétréci, particulier et presque aveugle. Il *exprime* les réalités en
les vivant, plutôt qu'il ne se les *représente*. Il est, en fait, incapable
de spéculer : il y a des choses, dit M. Bergson, que l'intelligence seule
peut chercher, sans pouvoir d'ailleurs les trouver, l'instinct les trou-
verait, mais ne les cherchera jamais. Il faudrait unir ces deux puissances qui existent en nous séparées. Mais comment y réussir? elles
sont de nature et de sens contraire. Ce serait à jamais impossible, dit
M. Bergson, si, d'une part, l'instinct n'était beaucoup plus général et
désintéressé chez l'homme, où il ne consiste vraiment qu'en un
certain sens de la vie et devient un pur luxe comme la spéculation
même; et si, d'autre part et surtout, l'intelligence ne pouvait se
dépouiller de ses concepts, ce qui arriverait forcément s'ils lui étaient
innés, comme le voulaient Descartes et Kant. Mais pour peu qu'on
examine les catégories intellectuelles, on sera frappé de la marque
qu'elles portent de la matière et de l'espace; on comprendra tout de
suite qu'elles ne sont pas *a priori*, mais qu'elles tirent de là leur origine. Au lieu donc de constituer le fond même de l'entendement, elles
lui sont acquises et superficielles. Dès lors, pourquoi la réflexion ne
pourrait-elle défaire ce que nos habitudes ont fait? L'intelligence n'a
qu'à dépouiller, dit M. Bergson, ces formes du relatif et du symbole.
Redevenant ainsi ce qu'elle était originellement : une pure puissance
de voir, se détachant alors de cette matière aux aspects factices dont
elle était jusque-là obsédée, et se retournant sur elle-même dans un
effort douloureux et contre nature, elle marchera derrière l'instinct,

viendra s'appliquer tout contre lui, l'obligera à se resserrer lui-même le long du courant vital, par suite à se dilater et finalement à coïncider avec lui. Ainsi, aurons-nous, dit M. Bergson, le vrai face à face désiré, et non pas seulement vécu, mais représenté maintenant et contemplé dans une intuition plus directe encore que celle du pur instinct et pleinement lumineuse, cette fois, parce qu'intellectuelle. Une seule réalité se trouve sans doute ainsi directement accessible : nous-mêmes, le courant de notre vie psychique. Mais de là, le philosophe se transportera par sympathie, dit M. Bergson, au sein même des autres êtres pour y surprendre leur rythme propre de durée. Dans les deux cas, c'est un absolu qu'il saisira, au moyen d'une expérience originale, qu'il ira chercher immédiatement au-dessus du tournant où le réel s'infléchit dans le sens de la pratique, c'est-à-dire par-delà les concepts de l'intelligence et les perceptions des sens, origine de notre monde tout relatif de l'action.

Telle est, en bref, la méthode antiintellectualiste et intuitive de M. Bergson. Ce n'est pas quelques rapides remarques, mais un volume entier qu'il faudrait, pour relever les très graves erreurs qu'elle contient ou qu'elle fait naître. Elle découronne tout d'abord, sans nul souci des conséquences impies qui en résultent, l'homme de sa royauté, en lui enlevant la raison, pour le replonger dans l'instinct et lui faire rejoindre l'animalité. Du fait de cet abandon des facultés logiques, elle revêt de plus un caractère éminemment subjectif, individuel et fantaisiste. Chacun verra intuitivement ce qu'il voudra. Le contrôle manquera d'autant plus que, d'après M. Bergson lui-même, tout le monde est loin de posséder au même degré ce pouvoir d'intuition, dont les mieux doués ne peuvent user d'ailleurs qu'avec une extrême difficulté. C'est l'impressionnisme devenu maître de la métaphysique. Mais, dira-t-on, M. Bergson reprend l'intelligence allégée des concepts. Quel est donc ce poids mort dont il l'affranchit ainsi ? Ce sont toutes les notions les plus essentielles, comme celles d'être, de substance, de cause, puisées au contact même des choses. L'en séparer, c'est à la fois la mutiler et lui faire perdre pied avec le réel, et c'est pourquoi l'intuition dont on parle ici demeure impossible. Non, répond M. Bergson, car l'intelligence a formé ces idées uniquement dans son commerce avec un symbole pratique : le morcelage factice de la matière et la divisibilité de l'espace. — Mais c'est là une hypothèse gratuite qu'il ne faut pas nous laisser servir comme une vérité intangible. C'est même, disons-le bien haut, une hypothèse fausse, car, outre qu'elle heurte le bon sens et va à l'encontre de toutes nos tendances naturelles, elle s'oppose directement à la Foi :

Nous ne pouvons plus, en effet, en suivant M. Bergson, démontrer rationnellement l'existence de Dieu, ni l'immortalité de l'âme, contrairement aux déclarations du Concile du Vatican, et nos dogmes prennent, de sa pensée, un sens nouveau, tout pratique, qui les dénature et en fait perdre la valeur, comme on a pu le voir dans l'article de M. Leroy « Qu'est-ce qu'un dogme ? », et que Pie X a justement condamné, tant dans l'encyclique sur le modernisme que dans le décret « *Lamentabili sane exitu* » qui lui fait suite.

Toutefois, il n'est que juste de remarquer que la critique de M. Bergson témoigne de l'insuffisance radicale, qui a frappé ce penseur, des diverses théories de la connaissance issues de Descartes. Elle est terrible contre la philosophie moderne, à laquelle elle a porté de tels coups, qu'elle ne saurait s'en relever. Il est bien sûr que si l'idée générale ne se distingue pas profondément de la sensation et de l'image, si l'abstraction par laquelle on l'obtient ne consiste que dans une attention de faveur accordée exclusivement à une partie de cette sensation ou de cette image même, il n'y a rien dans l'une de supérieur à l'autre. Ce sont des phénomènes ici comme là, et le second ne fait, comme dit M. Bergson, qu'abréger le premier et en donner une vue relative et tout extérieure, de sorte qu'il y a plus de vérité dans la sensation et l'image que dans le concept même. Mais le concept est tout autre chose : c'est la vision intellectuelle de l'être même et de ses conditions au sein du phénomène, et progressivement, au moyen de la réflexion et de l'induction, la détermination précise de ses éléments et particulièrement de son essence. L'intelligence atteint donc avec lui la métaphysique même (1). Et qu'on ne dise pas qu'elle saisit ainsi uniquement ce qu'il y a dans l'être de général et de commun. C'est bien là sans doute son objet propre et direct, mais indirectement et par concomitance elle se représente aussi le particulier et l'individuel, auquel le général est lié. M. Bergson a montré la relativité d'une certaine analyse tout à fait fausse, qui méconnaît la nature spécifique de l'intelligence et confond ses opérations avec celles des sens, il n'a rien prouvé contre l'analyse

---

(1) Saint Thomas dit de la connaissance sensible précisément ce que M. Bergson dit de l'intelligence : « Elle s'exerce autour des qualités sensibles *extérieures*, au lieu que l'intellect pénètre jusqu'à l'essence des choses. La connaissance humaine commence par les sens et comme de l'extérieur. Mais il est manifeste que l'intelligence qui l'achève peut pénétrer d'autant plus avant au cœur des réalités, que sa lumière est plus puissante que la leur. » (*S. Theol.*, 2ª 2ª, q. 8 a. 1.)

Ces réserves faites, on accorderait volontiers à M. Bergson qu'il est expédient de vérifier souvent ses concepts, de les rajeunir, de les adapter de plus en plus au réel, afin d'éviter le cliché, la banalité et le préjugé.

3

même. Son grand mérite a été de faire éclater les cadres du Kantisme et de la philosophie positive.

Un des rares esprits de sa génération, il a osé s'attaquer à l'idole officielle. On peut croire qu'il l'a renversée. Mais il a trouvé plus difficile de construire que de détruire. Sur la base ruineuse de l'empirisme et sans autre outil en main que la psychologie de Descartes, il ne pouvait élever rien de solide. Abandonner la raison pour échapper à l'agnosticisme, était d'ailleurs une gageure intenable, le procédé paradoxal d'un rêveur et d'un poète plutôt que d'un métaphysicien, propre à nous y enfoncer davantage, en nous ôtant tout moyen d'en plus sortir.

III. — *La Doctrine : La Métaphysique du Devenir opposée à la Philosophie de l'Être.*

L'Univers, dit M. Bergson, présente deux aspects forts différents, selon qu'on le regarde avec les yeux de l'*Intelligence* ou avec ceux de l'*Intuition*. A parler rigoureusement, il n'y a jamais que l'intelligence pour voir complètement et exprimer ce qu'elle a vu : en elle, et par elle, se fait finalement l'Intuition. C'est qu'elle peut prendre, en effet, deux attitudes contraires, quand il s'agit de connaître les choses. Son premier mouvement, conforme à sa nature, est de se porter tout de suite vers leur extérieur, du côté de la matérialité pure et de l'espace, formes artificielles dont elle les revêt elle-même, en les percevant, pour les faire tomber sous les prises de notre activité. Elle en acquiert, de la sorte, une notion toute relative à nos démarches pratiques, qu'elle développe progressivement et explicite en concepts, origine de la science positive. Mais lorsqu'elle s'est, une fois, rendu compte qu'elle ne saisit jamais ainsi, des réalités, qu'une apparence superficielle, un symbole, figurant tout juste nos actions possibles sur elles, l'intelligence peut, affirme M. Bergson, se détacher de ces modalités de la perception, de ces corps multiples, solides et immobiles, de ces états mentaux distincts, des concepts taillés sur les formes de la matière, pour se retourner, comme nous l'avons dit, vers l'intérieur, s'unir à l'instinct et se pencher sympathiquement, avec lui, sur le courant vital, au-dessus du plan même de notre conscience psychologique, qui est déjà le plan de l'action et de la pratique.

Supposons donc, dit M. Bergson, que, déprise des figures de l'espace, l'intelligence se soit retirée de ses perceptions matérielles, des souvenirs qui leur sont liés, des tendances, habitudes motrices et possi-

bilités d'actions qui en naissent ou en dépendent ; de toute la cris-
tallisation d'états distincts, déposée, pour ainsi dire du dehors, à la
surface du moi ; amettons qu'elle ait réussi à pénétrer au plus intime
de nous-même, les yeux fermés sur l'extérieur, ouverts sur le dedans.
Que voit-elle maintenant ? Tout est changé, affirme M. Bergson,
comme par un coup de baguette magique : il n'y a plus ni divisions,
ni immobilité d'aucune sorte, mais une continuité d'écoulement, une
succession d'états, qui se rejoignent et se prolongent les uns dans
les autres, chacun résumant en lui ceux qui le précèdent et annon-
çant ceux qui le suivent. Leur ensemble forme une unité organisée,
impossible à diviser, autrement que par un artifice arbitraire : durée
concrète, mouvante, qui est essentiellement mémoire, « où on ne
saurait trouver deux moments identiques, puisque chacun ajoute
toujours au précédent le souvenir que celui-ci lui a laissé ».

On dirait un fleuve qui coule et dont les eaux présenteraient des
tons divers de couleurs, aux nuances imperceptibles, qui passent
sans interruption de l'une à l'autre et se fondent harmonieusement,
sans se distinguer par autre chose qu'une différence à peine sensible
de qualité. Telle est, au témoignage de M. Bergson, la réalité de
notre esprit, saisie directement dans l'Intuition. Unité multiple et
multiplicité une, se prêtant, sans doute, à être divisée de l'extérieur,
par analyse, en deux séries divergentes de concepts contraires, qui
s'écarteront davantage au lieu de se rejoindre et de s'accorder, à
mesure qu'on les poussera plus loin ; mais qui exclut, intérieurement,
toute composition et toute division, toute analyse et tout synthèse.

Mais, dira-t-on sans doute, nous n'avons encore là que des états
organisés, où donc est le moi qui les organise, l'âme qui leur prête
sa vie ? La durée mobile, répond M. Bergson, est d'essence psychologique, puisqu'elle est mémoire. Il n'y a pas à lui chercher un sub-
stratum, dont elle aurait besoin pour exister ; elle se suffit à elle-même
et constitue le tout de l'esprit. Descartes avait raison de mettre l'essence de l'âme dans la pensée, entendue au sens de fait mental quelconque, pourvu qu'on ait soin d'aller chercher ces faits mêmes, au-
dessus de la conscience et des formes factices de l'action. A cette
hauteur, on voit tomber, comme faux et imposé par le préjugé de la
pratique, le problème du déterminisme et de la liberté, car détermi-
nants et déterminé sont ici reconnus comme étant une seule et même
chose. L'associationnisme perd aussi toute signification, puisque
nous portons désormais de l'unité mentale, immédiatement aperçue,
comme réelle et primitive, et qu'il ne s'agit plus d'en poursuivre la
réalisation, en combinant ensemble des fragments qui, au lieu de la

contenir, ne faisaient que la symboliser. C'est proprement, dit
M. Bergson, le triomphe du spiritualisme. Nous verrons tout à l'heure
ce qu'il faut en penser; bornons-nous, pour l'instant, à constater
que nous sommes en face d'un phénoménisme psychologique.

Nous savons ce qu'est le moi, pour M. Bergson; apprenons, sans
plus tarder, ce qu'est le reste de l'Univers, et comment on peut aussi
le connaître. Lorsqu'on s'est, une fois, dit-il, élevé jusqu'à l'intuition,
on est sorti de soi-même. « Toute la philosophie moderne (retenons
ce précieux aveu) s'était enfermée dans l'étude du sujet pensant,
sans pouvoir en sortir, comme dans un trou où l'on étouffe. » Kant,
en particulier, avait élevé une barrière, qui semblait infranchissable,
entre la pensée et l'objet réel. L'intuition saute la barrière, et une
philosophie la franchit, pour passer à l'objectivité, dans la mesure
même où elle devient intuitive. C'est dans l'intuition, et dans l'intuition
seulement, que le moi se transcende lui-même. C'est qu'en effet,
l'intelligence, en s'installant en elle, a, dit M. Bergson, « le sentiment
d'une certaine *tension* bien déterminée, et cette détermination paraît
un choix entre une infinité de durées possibles ». Supposons, ajoute-
t-il, « une conscience à base de couleur, qui sympathiserait avec
l'orangé » et le percevrait ainsi du dedans, au lieu de prendre sur
lui, du dehors, de simples vues extérieures. En même temps qu'elle
éprouverait ce qu'est l'orangé, dans une expérience qu'aucune analyse ne saurait jamais remplacer, ni aucune expression rendre,
« elle se sentirait prise entre du rouge et du jaune, pressentirait
même peut-être, au-dessous de cette dernière couleur, tout un spectre,
en lequel se prolonge naturellement la continuité qui va du rouge au
jaune ». C'est ainsi que notre intelligence, lorsqu'elle est parvenue à
s'installer, par intuition, dans le moi *surconscient*, n'est nullement
réduite à la passive contemplation de lui-même,

« Comme un pâtre assoupi regarde l'eau couler ».

Mais de là elle aperçoit, en même temps, toute une continuité de
durées, avec lesquelles elle se trouve mise en contact, et « que nous
devons essayer de suivre, dit M. Bergson, soit vers le bas, soit vers
le haut : dans les deux cas, nous pouvons nous dilater indéfiniment,
par un effort de plus en plus violent; dans les deux cas, nous nous
transcendons nous-mêmes. Dans le premier, nous marchons à une
durée de plus en plus éparpillée... à la limite serait le pur homogène,
la matérialité. En marchant dans l'autre sens, nous allons à une
durée qui se tend, se resserre, s'intensifie de plus en plus : à la limite

serait l'éternité. » Mais une éternité de vie, appuie M. Bergson, mouvante encore par conséquent « où notre durée se retrouverait comme
les vibrations dans la lumière, et qui serait la concrétion de toute
durée, comme la matérialité en est l'éparpillement. Entre ces deux
limites extrêmes se meut l'intuition (1) ».

C'est assez dire que tout est durée, et que Dieu même jusqu'à la
matière la plus infime, tout se tient, tout se fait suite et se compé-
nètre, sans présenter d'autre différence que celle d'une pure inten-
sité. La durée, nous l'avons vu, est mémoire, et la mémoire sert déjà,
selon M. Bergson, à caractériser l'esprit. Tout est donc esprit, et c'est
un *monisme* psychique qu'il nous offre. C'est en même temps un panthéisme, car rien ne s'y distingue essentiellement, et il n'y a, d'un
bout à l'autre de la série des durées, qu'une différence de degrés, et
jamais de nature, qui les sépare. Aucun doute n'est possible à cet
égard, malgré les explications de M. Bergson et de M. Leroy. Si Dieu,
d'ailleurs, n'était pas immanent au monde, il serait inconnaissable
pour la philosophie nouvelle. Il ne faut pas songer, en effet, à s'élever
jusqu'à lui en s'appuyant sur la raison suffisante et l'analogie ; ce sont
là des procédés intellectuels, par conséquent relatifs. Reste l'intuition, comme seul moyen de l'atteindre. Mais dire que, d'une façon
ou d'une autre, nous avons avec Dieu un *face à face,* au sein même
du moi et de la nature, c'est déclarer implicitement qu'il est en nous
et en elle, et se confond avec l'Univers.

Tout d'ailleurs tendait à ce résultat : on avait fait disparaître,
comme relatives à l'action, les modalités gênantes de la perception
sensible. Le multiple était devenu un ; le solide et l'immobile avaient
pris les formes du fluent et de la mobilité même. Tout mouvement
se trouvait ainsi mué en changement intérieur, l'action transitive
était reconnue illusoire. Il n'y avait donc plus qu'un seul tout indivisible, se suffisant à lui-même, une sorte de conscience universelle,
ou plutôt de *surconscience,* dont le présent, grossi du passé, débor-
dait, en l'orientant, sur l'avenir. Comment, emprisonné dans ce grand
tout, et avec l'intuition pour unique ressource, pouvait-on espérer
d'en sortir jamais pour passer à quelle réalité étrangère ? M. Bergson
s'est enfermé ici dans l'*immanence,* comme une chrysalide dans son
cocon. Il n'en échappera plus, sans briser les parois mêmes de sa
clôture.

Dieu, le moi, la nature, tout se meut pareillement, tout change de
tous points et à chaque instant. « Être, dit M. Bergson, consiste essen-

(1) Introd. à la métaph. (*Rev. de Métaph. et Morale,* janvier 1903, p. 24-26).

tiellement à changer, ce qui ne change pas continuellement, n'est pas. »
— « Dieu n'a rien de tout fait », ajoute-t-il (1). Et son meilleur inter-
prète, M. Leroy, écrit à son tour. « Dieu *n'est pas, il devient* (2). » —
« Matière ou esprit, conclut M. Bergson, la réalité nous est apparue
comme un perpétuel devenir. » États d'âmes ou figures de l'espace,
tout ce qui nous apparaît fixe et permanent est illusion des sens et
de l'intelligence tout entière, dont le point de vue particulier se limite
toujours à l'utilité pratique. « Un état, dit M. Bergson, est déjà du
changement, et la forme, un instantané pris sur une *transition* (3). »
On le voit, c'est l'universel devenir substitué à l'être même. Mais,
direz-vous, un tel système est-il autre chose qu'une série de contradictions ? Le devenir n'est-ce pas l'être simplement possible ? Or,
M. Bergson le déclare équivalent à l'être réel. — Il va beaucoup plus
loin : il le proclame bien supérieur à ce que vous appelez l'être réel.
Ce dernier n'est pour lui qu'une chimère, puisqu'on ne peut le concevoir que comme identique et permanent. L'idée que nous en avons
tous provient d'une perception sensible ou d'une conception intellectuelle, reconnues l'une et l'autre relatives à notre action, et par suite,
de nulle valeur spéculative. Le devenir, au contraire, est une *donnée
immédiate* de la conscience, fournie par cette intuition métaphysique
dont nous avons parlé, et qui nous place d'emblée dans l'absolu. Et
qu'importe la contradiction ? Ne résulte-t-elle pas de l'application
d'une logique et d'une ontologie fausses, posées par une intelligence
et par une raison, dont l'unique rôle est, non de penser, mais d'agir,
de fabriquer des instruments de travail, capables de nous soumettre
la matière et de la tourner à notre avantage ? Kant a épuisé sa critique
à rechercher la part que l'esprit met de lui-même dans les choses,
en les connaissant. Mieux vaut, dit M. Bergson, renverser le problème
et se demander quelle influence capitale les objets de la perception
exercent du dehors sur l'esprit, quelles formes factices ils lui imposent, qui portent le trouble et la confusion dans tous les domaines de
la connaissance et finissent par la vicier jusque dans ses sources. Or,
l'intelligence et la raison sont, dit-il, constituées chez nous par ces
formes mêmes. Dans ces conditions, comment faire appel à leur témoignage ? Pourquoi tenir compte de leurs exigences ? La contradiction
dont elles nous menacent, loin d'être un signe d'erreur, devient
presque un critérium de vérité. C'est bien inutilement que vous invo-

(1) *Évol. créat.*, p. 270.
(2) *Rev. de Métaphys. et mor.*, Juillet 1907, p. 509.
(3) *Évol. créat.*, p. 327.

quez, contre M. Bergson, la nécessité de l'accord de la pensée et de la réalité avec elles-mêmes, que vous lui opposez l'impossibilité d'être et de n'être pas en même temps, de devenir et d'être parfait, de concevoir des phénomènes, sans cause pour les produire, et sans substance pour les soutenir. Il n'ignore certes pas que telle est la règle primordiale de la logique naturelle et de la raison commune, et s'il discute avec vous, qui ne sortez jamais du relatif, il vous. l'appliquera avec une rare vigueur. Mais quand il s'établit lui-même dans l'absolu de la supraconscience, il en fait totalement litière. Là il n'y a plus d'être, à plus forte raison d'être parfait, ce qui voudrait dire achevé, alors que tout se fait, et que rien ne s'achève jamais. Qu'est-ce que la substance et la cause, sinon l'être qui vous obsède, et que vous voulez à tout prix replacer sous le devenir ? Il n'y a plus à raisonner, dit M. Bergson, nous avons *transcendé l'être, la raison et la logique*. Il suffit désormais d'ouvrir tout grands les yeux de l'intuition. Ils verront, en exercice, dans le devenir même, étoffe de toute réalité, Dieu y compris, une logique nouvelle, ondoyante et diverse cette fois, large et compréhensive, où tout trouve place, où le oui et le non se fondent harmonieusement, et dont M. Leroy nous dit précisément qu'elle n'est autre chose « qu'une fuite perpétuelle de contradictions (1) ».

Rien n'empêche désormais de confondre l'être avec le devenir, de mêler au fini l'infini, de faire de l'Univers comme un progrès et un développement de Dieu même. La raison s'y opposait : bagatelle ! on n'a pas hésité à l'écarter. Mais à quoi a-t-on abouti de la sorte? M. Bergson se flattait d'instaurer un spiritualisme triomphant. Or, un Dieu qui devient, comme le monde même, n'a rien d'absolument supérieur à lui et ne s'en distingue plus. Une intelligence et une volonté sans raison se réduisent à l'instinct. C'est donc un naturalisme et finalement une sorte de matérialisme qui sont le dernier mot de la philosophie nouvelle.

Ajoutons qu'elle ne peut échapper au plus radical des scepticismes. La raison mise de côté, il n'y a plus pour elle de cran de sûreté. Elle se jettera dans toutes les affirmations et dans toutes les négations qu'elle voudra. C'est la mort même de la vérité et le nihilisme philosophique le plus absolu (2). Pardon, répondra M. Bergson, elle ne

---

(1) *Rev. de Métaph. et mor.*, 1001, p. 411.

(2) À vrai dire, elle ne pourra même rien affirmer, ni rien nier, car tout est, comme pour Héraclite d'Éphèse, dans un perpétuel écoulement. Dès qu'on voudra dire ce qu'on voit, ce sera déjà autre chose... « *hoc quod loquor inde est* » (PERSE, sat. V).

fera qu'exprimer ce qu'elle aura vu dans l'intuition. Au lieu de raisonner en l'air, elle ne sortira pas de l'expérience : c'est elle qui sera
son frein et son garde-fou. La philosophie moderne est vraiment plai-
sante n'en appeler sans cesse à l'expérience et aux faits. Jamais on
n'abusa tant du mot et on n'usa si peu de la chose. Qu'on en juge
plutôt. Si je pose cette simple question : qu'est-ce qu'un fait ? Descartes répond : une idée ; Leibniz : une théorie confuse ; Kant : l'application d'une forme *a priori* de l'esprit; Bergson : une illusion de
notre activité pratique. Bacon disait de l'observateur, qu'il doit « écou-
ter la nature et écrire sous sa dictée ». Ce n'est pas ainsi que procè-
dent nos modernes philosophes ; ils la font taire et la bâillonnent,
dès qu'elle ouvre seulement la bouche pour parler, et ils substituent
à son véridique témoignage les pires aberrations de leur esprit. Il y a
pour l'homme deux sortes d'expériences ou d'intuitions naturelles :
la perception sensible externe ou interne, et la perception intellectuelle et rationnelle. M. Bergson les rejette l'une et l'autre, pour en
inventer de toutes pièces une troisième, qui n'existe pas et ne saurait
exister, car elle exige, comme nous l'avons montré, un vrai suicide
de l'intelligence et constitue un blasphème envers Dieu, qui aurait
rendu la vérité inaccessible à sa créature et l'aurait trompée jusque
dans sa lumière naturelle, bien loin d'y ajouter les clartés supérieures
de la Foi. Kant avait savamment ourdi un inextricable réseau qui
retenait captive toute vérité. M. Bergson n'a fait que retourner le
filet : le résultat reste le même, avec cette différence toutefois, qu'on
peut toujours espérer que la raison se reprendra, tant qu'on garde sa
foi en elle, tandis que tout espoir est perdu, lorsqu'on a cessé de lui
faire crédit. « Le plus grand malheur, dit Platon, est celui de haïr la
raison même. »

IV. — *La Doctrine : L'Évolution universelle.*

Une philosophie du *devenir* postule l'Évolution comme loi naturelle
de son progrès, et l'évolution de son côté ne paraît guère intelligible
en dehors d'une telle philosophie. Toute spéculation, en effet, qui
envisagera, dit M. Bergson, non le mouvement intérieur par lequel
les choses se réalisent, mais leurs formes réalisées, donnera nécessairement congé à l'évolution pour n'en plus retenir que le nom et
son symbole pratique : l'*évolué*. L'essence de l'évolution est de *dérouler* les réalités dans un ordre de *succession*, qui ne leur permet d'exister que les unes après les autres, et où le temps entre, par suite,
comme facteur de capitale importance. Or, l'*évolué*, le *tout fait* pré-

sente justement des caractères opposés. Ici, dit M. Bergson, le réel ne se *déroule* plus, comme tout à l'heure, il *s'enroule*, pour ainsi dire, sur lui-même, et ses parties, au lieu de se développer progressivement dans la durée, sont données *toutes à la fois*, dans un ordre très différent de la succession, qui est celui de la *coexistence dans l'espace*, et où le temps n'a plus d'influence. Dans le premier cas, on a *du nouveau* à tous coups : c'est un perpétuel changement de qualité, une création incessante, ce que veut indiquer le titre du dernier livre de M. Bergson : l'Évolution créatrice. Dans le second, tout se répète identique pour le fond ; il n'y a plus que des modifications de surface, des différences dans les rapports de quantité et de position.

Que ces deux ordres existent conjointement, c'est, dit M. Bergson ce que nous atteste l'expérience. Nous observons la *succession* en nous-mêmes, toutes les fois que, par intuition, nous nous insérons dans la mobilité de notre devenir. La *coexistence* s'impose au contraire lorsque nous nous regardons, du dehors, confondus avec cette matière, au sein de laquelle nous vivons et qui nous enveloppe de toutes parts. La science ne saurait s'accommoder d'un système où tout varie avec le moment qui s'écoule : elle a besoin de retrouver l'identité des causes qui assure celle des effets. C'est pourquoi son objet se limite à la matière et à la quantité. Quant à l'esprit et à la qualité, elle n'atteint que le symbole et le schème matériel qu'est capable d'en figurer l'espace homogène. En eux-mêmes, ils relèvent, dit M. Bergson, de la philosophie, qui n'est plus science, et n'en comporte pas la précision. Il est impossible d'ailleurs de traiter, avec Kant, la matière d'illusion et d'idéalité, car, la pratique ne se comprendrait pas sans elle et « si la spéculation vit parfois dans le rêve, l'action ne saurait se mouvoir dans l'irréel ». Confondre ces deux ordres : la *succession* et la *coexistence*, dont l'un est la négation de l'autre, telle fut, selon M. Bergson, l'erreur capitale de Spencer et des évolutionnistes en général. Spencer se proposait de retracer l'histoire de l'Univers à travers le temps. Mais il se borna, pour ce dessein, à le prendre dans ses formes actuelles, le brisa en morceaux et, avec la naïveté d'un enfant, prétendit reconstituer, au moyen de ces fragments évolués, les diverses étapes parcourues et l'élan intérieur même qui les parcourait. Autant eût valu, dit M. Bergson, disséquer les membres morts d'un animal, pour reproduire ensuite, avec ces débris, la genèse, les divers moments et le rythme même de sa vie. Si on veut, dit-il, rendre vraiment raison du progrès de l'Univers et restituer à l'Évolution le rôle qui lui revient dans son développement, il faut cesser de regarder vers le *tout fait*, pour n'envisager plus que le *se faisant*, négliger les formes évoluées et ne prêter attention qu'au mouvement évolutif.

Ce mouvement consiste dans un déroulement de qualités, dans une durée réelle, qui est esprit, car l'esprit seul est mémoire, dit M. Bergson, et c'est la mémoire seule qui, emmagasinant le passé dans le présent, explique la durée et rend la réalité capable de progresser véritablement, c'est-à-dire de se dépasser elle-même. Partons donc, poursuit-il, d'une réalité psychique initiale, que nous appellerons *Élan vital*, Superconscience et Intuition. Pensons à une durée semblable à celle de notre conscience, mais plus tendue infiniment et plus intensifiée. « Puissance cosmique finie, lancée une fois pour toutes », elle part, dit M. Bergson, avec un entrain superbe. Telle une fusée gigantesque qui déploie, d'une vitesse croissante, la gerbe d'or nuancée en laquelle elle se développe et s'épanouit. Mais toute force limitée tôt ou tard s'énerve et s'épuise. Toute fusée, si audacieuse qu'ait été sa montée, s'abîme finalement en une pluie d'étincelles qui retombent. Au mouvement qui se fait succède fatalement, quelque jour, le mouvement qui se défait. Et telle est pour M. Bergson l'origine même de la matière. Elle se déduit tout naturellement de l'esprit. Le mouvement ascensionnel de celui-ci n'a, dit-il, qu'à décroître et à s'invertir pour l'engendrer. Arrêtez la succession, aussitôt naît la simultanéité et la coexistence. On aurait pu craindre que la matière ne fît échec à l'évolution, tant sa masse est imposante, mais la vérité est qu'elle ne constitue pas une réalité nouvelle, elle ne contient rien de positif et consiste dans une simple négation, ou plutôt dans une limitation de l'esprit, car la matière est encore durée et conscience. Toutefois, cette durée est si diluée, cette conscience si relâchée, que la « qualité s'y scande en quantité », que tout y paraît homogène, que les moments en semblent donnés tous à la fois, comme dans un présent éternel, indépendants et extérieurs les uns aux autres. En se *détendant*, elle *s'étend*, en passant à la limite du temps, elle voisine avec l'espace, sans pourtant l'atteindre jamais : c'est que l'espace, dit M. Bergson, n'est pas une réalité, mais un concept de l'intelligence, une limite idéale, un dénominateur commun qu'elle dépose sous chacune des dégradations particulières de la durée, pour pouvoir les réduire à l'unité et les soumettre au calcul et à la mesure.

Quand une fusée est partie, elle ne s'éteint pas toujours tout d'un coup entièrement. L'Élan vital, converti en matière, continue de même assez longtemps à exploser. Un filet fuse encore et un mouvement de montée se dessine au sein du mouvement général de descente qui accuse la marche inverse de la matérialité. C'est, dit M. Bergson, l'élan de vie qui la traverse et s'efforce de la relever sans réussir d'ailleurs qu'à en retarder la chute. Un compromis finit par s'établir entre ces deux courants de sens contraire et constitue ce que nous appelons l'*organisation de la vie*.

Pour affranchir la matière, l'élan de vie, qui est conscience et liberté, doit l'arracher, dit M. Bergson, à ce rythme de mouvements homogènes qui en fait la nécessité, l'obliger à contracter ses vibrations et à les débiter, pour ainsi dire, par paquets, au lieu de les détailler une à une. Ce résultat, il ne peut l'obtenir qu'en faisant lentement provision d'énergie, pour la dépenser ensuite tout d'un coup « dans des directions variables et imprévues ». « Le même organisme, écrit-il, ne pouvait soutenir avec une égale force les deux rôles à la fois. » Voilà pourquoi les êtres vivants ont pris spontanément une double direction : la *plante* emmagasine, sous forme de carbone, l'énergie solaire, l'*animal* l'absorbe en se nourrissant de la plante directement ou indirectement et l'utilise en actions explosives. La liberté laissée à son activité est corrélative d'un côté au développement de sa conscience, nécessaire à tout choix, et de l'autre à la complication de son système nerveux qui indique le nombre de directions dans lesquelles il peut lancer la force emmagasinée.

Le végétal, trouvant de quoi s'alimenter sur place, reste fixé au sol, dont il puise les sucs, par une sélection qui annonce déjà un premier degré d'indétermination et par conséquent de conscience. Mais ce n'en est encore pour ainsi dire, que le sommeil et la *torpeur*. Deux grandes routes ont pu seules, dit M. Bergson, être suivies jusqu'au bout : celle qui conduit à l'Insecte et celle qui aboutit à l'Homme. Dans la première, la conscience, attachée à la vie, s'est rétrécie en *instinct*, par la nécessité de s'employer tout entière à l'entretenir et à la défendre, ce qu'elle fait au moyen d'instruments organiques : pinces, suçoirs, tarières, aiguillons, etc. Dans la seconde, elle a pu se distraire quelque peu du soin de sa conservation et se développer, dans la même mesure, en *Intelligence*. C'est qu'en effet, pour lutter avec avantage, il faut des mécanismes moteurs suffisants, que l'animal puisse déclancher à volonté. C'est ce qui n'est pas possible sans un cerveau un peu compliqué et sans une analyse intellectuelle qui décompose et recompose les mouvements. Malgré tout, même sur la ligne des vertébrés où elle a fini par aiguiller uniquement, l'évolution paraît avoir manqué son but : la conscience, au lieu de libérer la matière, s'est partout laissé asservir et écraser par elle. Au point terminus seulement de cette ligne, nous enregistrons un « succès unique, exceptionnel », celui de l'*homme*. Par la supériorité de son cerveau qui lui donne le choix entre une infinité de déclics, par son langage, qui fournit à la conscience un corps immatériel où s'incarner, par la vie sociale, qui emmagasine, conserve et soutient les efforts accomplis, il a brisé sa chaîne et passé à travers les mailles de la nécessité, accusant ainsi, dit M. Bergson, « la différence de nature et non pas seulement de degré qui le sépare du reste de l'animalité (1) ».

L'intelligence a été le moyen de cette suprême conquête. Elle a remplacé les instruments organiques peu nombreux et peu variés par des outils inorganiques dont le nombre, la variété et le perfectionnement sont sans limite. Pratiquement, son acquisition fait notre gloire et notre succès, bien qu'elle nous ait coûté au point de vue spéculatif des pertes fort regrettables : l'intuition surtout, dont nous ne conservons plus, dit M. Bergson, qu'une frange assez réduite. D'où vient l'intelligence ? Peut-on, comme la matière, la déduire aussi de l'évolution ? Oui, répond-il, et « c'est précisément la même inversion du même mouvement qui crée à la fois l'intellectualité de l'esprit et la matérialité des choses ». La conscience contenue dans l'Élan vital s'est analysée : elle est passée en partie sous forme d'*intuition* dans le courant de vie qui traverse la matière, en partie aussi elle est descendue dans la matière traversée et s'y est muée en *intelligence*. Et comme il arrive à deux êtres qu'une même destinée unit, elles ont fini par se modeler si bien l'une sur l'autre, qu'elles n'ont plus qu'une même physionomie, des caractères et des habitudes identiques. L'intelligence, liée à la matière, moulée pour ainsi dire sur elle, peut la connaître sans erreur essentielle. De là les progrès des sciences mathématiques et physiques. Mais elle ne saurait étendre sa compétence au delà. Fragment de l'évolué, comment pourrait-elle représenter l'ensemble de l'évolution ? La partie peut-elle égaler le tout ? « Le galet laissé sur la plage ne dessine pas la forme de la vague qui l'apporta. » L'intelligence ne se sent tout à fait chez elle que dans le domaine de la quantité et de l'espace. Tout ce qui est qualité ressortit à l'intuition. Voilà pourquoi la conception d'une mathématique universelle est chimérique. Intelligence et intuition existaient virtuellement unies et confondues dans la supraconscience de l'élan vital, et si la conscience, chez l'homme, a pour ainsi dire étouffé l'intuition au profit de l'intelligence, c'est que l'homme est fait pour l'action, non pour la spéculation. Son rôle consiste, dit M. Bergson, à introduire le plus de liberté possible dans la matière, et non à convertir le réel en lumière pour son esprit. Mais a-t-il vraiment un rôle à remplir ? La finalité existe-t-elle ? L'évolution repousse assurément le

(1) *Évol. créat.*, p. 287.

— 45 —

mécanisme, qui pose l'ordre inverse du sien, celui du *tout donné simul-
tanément*, mais elle ne s'accommode pas non plus d'un but assigné.
S'il y a quelque part un plan tracé d'avance, que devient l'imprévu ?
et si tout est prévu, comment parler encore, dit M. Bergson, de liberté,
d'invention et de création dans l'Univers ? Mécanisme et finalité sont,
pour lui, des points de vue de l'action : pour agir, il faut un but, il
faut des moyens, donc un plan prémédité. Mais l'Élan vital est
liberté et ne crée pas d'après un plan qui lui serait imposé. Aussi,
l'harmonie véritable qu'on cherche en avant, dans une aspira-
tion vers ce qui n'est pas encore, ne peut vraiment exister, dit-il,
qu'en arrière, dans les tendances communes de l'Élan originel. C'est
là, et non dans l'unité d'un plan impossible, encore moins dans des
rencontres de hasard, qu'on trouvera, selon lui, les raisons des simi-
litudes observées dans les résultats de l'évolution, sur des lignes divergentes et en des points très espacés, comme par exemple la formation
d'un œil à rétine à la fois chez l'homme et chez un mollusque aussi
inférieur que le peigne, fait à tel point significatif, qu'il suffirait à
lui seul à réfuter le mécanisme biologique. L'homme n'est donc pas
en lui-même, conclut M. Bergson, le but de l'évolution, mais on
peut l'en dire pourtant le terme, « dans ce sens tout spécial », que
l'évolution, étant par essence liberté et création, tendait à libérer
la conscience et la matière, et n'y est parvenue qu'en l'homme
seul, qui se trouve « continuer ainsi indéfiniment le mouvement
vital ».

Telle est, d'après M. Bergson, la genèse et la loi de notre monde.
Il en existe d'autres, en nombre indéfini : chaque jour de nouveaux
arrivent à l'existence. La vie est suspendue sans doute, dit-il, sous
une forme ou sous une autre, à chacun de ceux où un mouvement de
descente, indice de la matière, se trouve contrarié, comme dans
celui-ci, par un mouvement inverse de montée qui décèle l'esprit, et
cela, probablement depuis l'état fluide de nébuleuse, jusqu'à celui
de refroidissement complet et de dégradation absolue de l'énergie,
marque certaine d'une mort définitive. C'est du moins ce que suggère
l'analogie. « Ces mondes jaillissent d'un Centre, comme autant de
fusées d'un immense bouquet. » Quel est ce bouquet et ce Centre ?
Dieu, finit par répondre M. Bergson, Dieu qu'il faut se représenter
non comme une chose toute faite qui créerait des choses toutes faites
aussi, mais comme une continuité de jaillissement, comme une action
qui se fait et qui « grossit au fur et à mesure de son progrès (1). »

(1) *Évol. créatr.*, p. 270.

Que M. Bergson ait habilement relevé les inconséquences grossières en effet de la méthode de Spencer et des autres tenants de l'évolution, c'est ce qu'il est juste de reconnaître. Sa critique fine et acérée a pénétré au cœur même du mécanisme et l'a définitivement usé. Mais la théorie qu'il leur oppose ne résiste pas davantage à l'examen. Sans doute, elle s'ajuste de tous points; seule même peut-être peut-elle s'ajuster à une évolution intégrale. Est-ce bien là un titre suffisant ou même une présomption en sa faveur? Tout ne saurait évoluer, dit avec raison Aristote. Pour qu'un changement ait lieu, il faut que quelque chose ne change pas, sans quoi, ce n'est plus du changement qu'on aurait, mais une annihilation complète du présent et une création totale de l'avenir. Oui, répond M. Bergson, c'est la contradiction qu'on réaliserait en effet dans le système d'Aristote et dans l'intellectualisme en général. Mais placez-vous à mon point de vue : considérez le phénomène psychologique comme l'unique réalité, et vous conviendrez avec moi que seul il jouit de cette singulière propriété d'unir, sous forme de mémoire, la conservation du passé et du présent à la création de l'avenir. Ainsi rien ne finit ni ne commence absolument, tout continue et se développe d'une manière normale et on ne peut plus naturelle. C'est là que nous attendions enfin M. Bergson. Sa métaphysique peut faire illusion par sa hardiesse et sa nouveauté même à des lecteurs non avertis. Disons, si l'on veut, qu'elle offre l'aspect d'une construction élégante, ingénieuse et séduisante. Une chose lui manque : la solidité. Tout y est, pour ainsi dire, jeté en l'air, sans appui. Ce sont partout des actions que personne ne fait, des changements qu'aucun être ne subit. Mais les phénomènes n'ont pas d'existence propre, indépendamment des causes qui les produisent et des substances qui les soutiennent. Serait-ce par hasard que leur plus grande complexité les soustrairait à cette loi nécessaire et universelle? On invoque la mémoire pour justifier leur privilège unique. Mais qui ne voit que la mémoire ne s'explique elle-même que par l'existence préalable d'un sujet permanent, qui demeure un et identique sous ses divers changements de surface? Le bergsonisme ressemble donc à ces châteaux de fées qu'on voit, à l'aide de lanternes magiques, se profiler et se balancer dans le ciel bleu. Il en a la consistance et la réalité. Supposons encore, cependant, qu'il puisse exister ainsi et tenir seul dans le vide. Que deviendra, avec son universel mobilisme, la personnalité de Dieu et l'unité substantielle de l'âme humaine? N'est-il pas manifeste que ces vocables ne répondent plus à rien et qu'on ne peut continuer à s'en servir que par un étrange abus de langage? De cet abus, M. Bergson est coutumier. Il parle encore d'un Dieu « distinct de l'Univers (1) », d'un dualisme véritable de l'esprit et de la matière, d'une différence de nature entre l'instinct et l'intelligence, entre la bête et l'homme. Il envisage même quelque part, la possibilité d'une immortalité personnelle. Or, de ses explications il ressort avec une entière clarté que tout se confond dans une existence phénoménale d'ordre psychologique. « L'action (créatrice de Dieu) grossit en avançant... crée au fur et à mesure de son progrès (2). » — « Son devenir, ajoute M. Leroy, est notre progrès même (3) ».

Comment donc se distinguerait-il de son progrès que nous sommes? La matière n'a pas de réalité propre, il nous a expliqué qu'elle est une négation, qu'elle consiste dans un pur relâchement de l'esprit. Qui pourra comprendre qu'elle forme maintenant avec lui une dualité irréductible? L'intelligence et l'instinct ne faisaient qu'un primitivement, dans la conscience de l'Élan vital. Ce sont deux formes qu'a prises cette conscience même en traversant la matière. D'où pourrait bien venir leur radicale opposition? L'homme descend des vertébrés par son âme aussi bien que par son corps, car M. Bergson nous dit expressément que les âmes humaines, sont les ruisselets en lesquels s'est divisé le large fleuve de la vie commune. En quoi consiste donc la séparation tranchée qu'il établit finalement entre l'humanité et le reste du règne animal? Il faut l'entendre là-dessus, il en vaut vraiment la peine : « Le cerveau de l'homme diffère, dit-il, des autres cerveaux, en ce que le nombre des mécanismes qu'il peut monter est indéfini. Or, du limité à l'illimité, il y a, conclut-il, toute la distance du fermé à l'ouvert. Ce n'est pas une différence de degré, mais de nature. » Qui pourra donc prendre au sérieux un semblable argument? Quant à l'immortalité personnelle, où trouver de quoi la garantir? Ne suppose-t-elle pas nécessairement une unité et une identité dans l'intelligence et la liberté, que le bergsonisme s'est justement attaché à détruire?

Concluons : Le monisme psychique phénoméniste et panthéiste de M. Bergson, contradictoire en lui-même, aboutit pratiquement aux conséquences les plus funestes. Il s'oppose, quoi qu'en dise son auteur, à la souveraine transcendance de Dieu, dont il fait, nous l'avons vu, un des termes extrêmes de la série des durées concrètes ou existences véritables. En sorte que Dieu se trouve former un des anneaux de cette chaîne des réalités et ne saurait nullement s'en séparer. Il ne paraît même pas pouvoir être conçu sans elle, car on

(1) *Première lettre au P. de Tonquédec.*
(2) *Évol. créatr.*, p. 270.
(3) *Revue de Métaphysique et Morale*, juillet 1907, p. 509.

le définit « une exigence de création (1) ». Ce système va jusqu'à nier
Dieu en tant qu'être substant, puisqu'il réduit tout à des phénomènes.
Il méconnaît ses attributs essentiels : l'Immutabilité, puisque, pour
M. Bergson, être c'est changer; l'Absolue Perfection, puisque tout
se développe et progresse indéfiniment; l'Omniscience, car, selon lui,
le progrès des êtres est imprévisible; par le fait même, la Providence.
Il bat en brèche également l'existence individuelle et substantielle de
l'âme humaine. En effet, il ne reconnaît plus de substances, et tous
les phénomènes se fondent l'un dans l'autre, comme les flots dans les
flots, sans qu'on puisse jamais dire où l'un finit et où l'autre commence. Il dénature le libre arbitre qu'il sépare de l'intelligence et
qui devient par suite, malgré ses dires, une sorte de spontanéité sans
lumière. Or, ce sont là les conditions indispensables de la responsabi-
lité et de l'immortalité personnelle. Il jette l'homme ici-bas dans le
scepticisme le plus complet, en lui ôtant l'intelligence, comme moyen
d'arriver au vrai et de connaître d'une manière certaine ces grandes
vérités primordiales qui sont la base inébranlable non seulement du
dogme catholique, mais aussi du simple spiritualisme rationnel. Il
rend impossible, au sens chrétien, la Révélation divine, l'inspiration
et le miracle, qui, ne pouvant plus s'adresser à l'intelligence et trouver en elle un contrôle et un sûr critère, se réduiront nécessairement
à des impressions subjectives, à des incursions du subconscient dans
la conscience, enfin à des sentiments obscurs, de valeur douteuse et
sans titres objectifs d'aucune sorte. Il ruine le dogme qu'il dépouille
d'abord de sa signification spéculative, puisque la raison n'a pas de
portée théorique, et qu'il livre ensuite au caprice des changements
que l'évolution lui impose de gré ou de force. De telle sorte que la
vérité objective, jamais achevée, toujours en voie de se faire, purement *symbolique*, parce qu'exprimée en termes d'action, relative
par conséquent, pourra devenir n'importe quoi, même le contraire
de ce qu'elle était d'abord.

En condamnant les trois volumes de M. Bergson, qui visent un
même but : *ruiner l'intelligence*, seul instrument véritable d'objectivité, *détruire par là même l'être et la vérité*, et qui aboutissent à un
résultat identique, malgré les intentions de l'auteur, que personne
ne met en doute : *saper les bases de la raison et de la Foi*, l'Église n'a
fait que remplir un des devoirs essentiels de sa charge : mettre en
garde les fidèles contre un suprême péril doctrinal, défendre son
enseignement divin et ses droits imprescriptibles, en sauvegardant
du même coup ceux de l'humanité et de la civilisation.

(1) *Évol. créatr.*, p. 283.

V. — *James.* — *Le Pragmatisme.* — *Conclusion.*

La philosophie de M. Bergson se rattache à tout un mouvement de pensée qui s'est développé spécialement en Angleterre et en Amérique dans ces trente dernières années. Il se réclame de l'empirisme anglais nourri de Hume et de Kant. C'est, comme le positivisme et le criticisme, une vive réaction contre la philosophie rationaliste, qu'il accuse pareillement de se mouvoir au sein d'abstractions creuses, de se repaître de chimères, enfin de n'agiter jamais que des problèmes aussi stériles qu'insolubles, sans relations d'aucune sorte avec le monde de l'expérience.

Mais il en diffère d'abord en ce qu'il n'exclut *a priori* ni métaphysique ni religion, ensuite et surtout parce que, sous la pression de l'empirisme d'une part, et du volontarisme, issu de Kant, de l'autre, il met l'action au-dessus de la spéculation, ne reconnaissant plus à la vérité qu'une portée pratique et une valeur d'utilité. C'est pour cette raison même qu'on l'appelle *Pragmatisme.*

Il a eu pour principal représentant William James, mort en 1910 professeur de philosophie à l'Université Harvard-Cambridge, l'une des plus importantes des États-Unis. Les questions métaphysiques et religieuses, dit ce fin psychologue, se posent invinciblement devant la pensée comme devant l'action : nul moyen de les éviter. Les résoudre par le raisonnement est impossible : l'intelligence n'a pas de portée théorique. Elle aboutit spéculativement à des impasses, ainsi que Kant l'a montré. Mais peut-être ces questions ne sont-elles pas indifférentes à notre vie, et acquièrent-elles, de ce fait, une part de vérité, qui pourrait se mesurer à leur utilité humaine, d'où le nom d'humanisme que l'anglais Schiller a aussi donné à ce système. Pragmatisme signifie mode de penser positif qui place la vérité, non dans une qualité qui serait inhérente à certains de nos jugements considérés en eux-mêmes, comme ayant une valeur spéculative, mais uniquement dans les services pratiques qu'ils rendent. M. Bergson, parti de vues toutes semblables, a pourtant dépassé le Pragmatisme, par sa théorie de l'intuition. Il reste pragmatiste sur le terrain de la science, mais il croit, comme on l'a vu, pouvoir affranchir, par l'intuition, l'intelligence des formes de l'action qui l'obsèdent et l'empêchent, dans son exercice habituel et normal, de spéculer avec succès. Le philosophe français garde, malgré tout, métaphysiquement sa foi en une vérité théorique et objective finale, dont le penseur américain a désespéré, pour s'en tenir désormais à des vérités strictement pratiques. Leurs psychologies sont sœurs. C'est l'*intuition* qui fait l'originalité de M. Bergson et qui paraît marquer la principale différence qui le sépare de James.

Le Pragmatisme consiste dans le rejet de toute vérité absolue pour ne retenir que ce qui est utile à la vie humaine. Il se présente à la fois comme une méthode générale de recherche et comme une théorie particulière de la vérité. En tant que méthode, il consiste, dit James, à *se détourner* des considérations rationnelles, des principes abstraits et premiers, des vues *a priori* de l'ontologie et de la logique, des dogmes, des systèmes, qui dépendent surtout des tempéraments et qui, au lieu d'expliquer le monde réel, aboutissent à lui en superposer un second tout différent, pour *se retourner* vers les données expérimentales, sensibles, vers les conséquences dernières, vers les faits positifs et les réalités concrètes. « Au lieu de remonter à un moi, à un Dieu, à un principe de causalité, à un dessein céleste, à un libre arbitre, etc., le pragmatisme déplace l'accent; il le reporte d'arrière en avant : il regarde devant lui et plonge ses regards dans les faits. » Cette attitude ne doit pas laisser croire, observe James, à une tendance matérialiste ou même simplement positiviste au sens ordinaire. Il sera loisible de recourir à l'abstraction et à la métaphysique, toutes les fois qu'elles offriront une véritable utilité pour la pensée ou pour l'action. « Les arguties et l'appareil dialectique où se complaît la philosophie ont beau rebuter le vulgaire, nul d'entre nous ne saurait s'arranger de la vie, sans les lointaines lueurs qu'elle projette à l'horizon. » Et il se trouve que « la croyance spiritualiste a pour objet un monde plein de promesses, tandis que le soleil du matérialisme se couche dans un océan de désillusions ». De même, s'il se constate que les conceptions théologiques ont une valeur pour la vie concrète, on pourra sans scrupule y faire appel. L'Absolu est placé, dit James, trop loin de nous et de la réalité; pourtant s'il nous fournit un appui, il faudra en tenir compte aussi et dans la mesure où il nous vient en aide. Au contraire, tout ce qui se montre étranger et indifférent à notre vie, tout ce qui n'exerce aucune influence sur la conduite, ne doit pas compter et n'a de vérité d'aucune sorte. Qu'il existe ou non des substances, en quoi, dit-il, quelque chose en sera-t-il changé pratiquement? Et cependant, « il y a un cas où la philosophie scolastique a prouvé l'importance de ce concept, en l'étudiant au point de vue pragmatiste : il s'agit de certaines discussions relatives au mystère de l'Eucharistie... Là substance devait apparaître ici comme ayant une valeur pratique des plus considérables. Mais, conclut-il, cette application pragmatiste ne saurait être prise au sérieux que par ceux qui croient déjà pour des raisons d'un tout autre ordre à la présence réelle (1). » — « La méthode pragmatiste, écrit James, est avant tout une méthode permettant de résoudre des controverses métaphysiques qui pourraient autrement rester interminables : Le monde est-il un ou multiple? N'admet-il que la fatalité ou admet-il la liberté? Est-il matériel ou spirituel? Voilà des conceptions dont il peut se trouver que l'une ou l'autre n'est pas vraie, et là-dessus les débats restent toujours ouverts. En pareil cas, la méthode pragmatiste consiste à entreprendre d'interpréter chaque conception d'après ses conséquences pratiques. Voici alors comment se pose le problème : Que telle conception fût vraie, et non telle autre, quelle différence en résulterait pratiquement pour un homme? Qu'aucune différence pratique ne puisse être aperçue, on jugera que les deux alternatives se valent, et que toute discussion serait vaine. Pour qu'une controverse soit sérieuse, il faut pouvoir montrer quelle conséquence pratique est nécessairement attachée à ce fait que telle alternative est seule vraie (2). » — « Toute la fonction de la philosophie, ajoute-t-il, devrait être de découvrir ce qu'il y aurait de différent pour vous et pour moi, à tel moment précis de notre vie, selon que telle formule de l'Univers ou telle autre sera vraie (3) ! »

La méthode pragmatiste, ainsi définie, a l'immense avantage, aux yeux de James, de pouvoir s'appliquer à toutes les doctrines indistinctement, sans en imposer aucune elle-même. « Comme l'a fort bien dit, écrit-il, le jeune pragmatiste italien Papini, le Pragmatisme occupe, au milieu de nos théories, la position d'un corridor dans un hôtel. D'innombrables chambres donnent sur le corridor. Dans l'une, on peut trouver un homme travaillant à un traité en faveur de l'athéisme ; dans celle d'à côté, une personne priant pour obtenir la foi et le courage; dans la troisième, un chimiste; dans la suivante, un philosophe élaborant un système de métaphysique idéaliste ; tandis que dans la cinquième quelqu'un est en train de montrer l'impossibilité de la métaphysique. Tous ces gens utilisent le corridor. Tous doivent le prendre pour rentrer chacun chez soi, puis pour sortir (4). »

Voilà certes un corridor commode et qui laisse, semble-t-il, à chacun toute la liberté de ses mouvements. A y regarder de plus près cependant, on s'aperçoit qu'il retient au contraire tout son monde prisonnier dans une même maison. Quiconque s'engage dans le Pragma-

(1) JAMES : *Le Pragmatisme*, Paris, Flammarion, p. 91.
(2) JAMES : *Le Pragmatisme*, p. 56-57.
(3) ID. : *Ibid.*, pp. 60.
(4) ID. : *Ibid.*, p. 61.

tisme est logé à l'empirisme sans pouvoir passer à l'hôtel d'à côté.
La preuve en est que le Pragmatisme a sa théorie particulière de la
vérité. On s'entend pour définir la vérité l'accord de la pensée avec
la réalité. Mais aux termes mêmes de cette définition, l'idée de *vérité*
devra varier de pair avec celle de *réalité* qui lui est corrélative.
L'Univers que notre raison aimait à se représenter à son image
même, comme un *cosmos*, c'est-à-dire une unité parfaitement ordon-
née, n'offrant rien d'inutile et qui ne contribuât à l'harmonie de
l'ensemble, l'expérience nous le découvre, dit James, sous les dehors
d'un océan débordé et d'un tohu-bohu indéfini de phénomènes,
ayant bien entre eux certaines relations, mais non pas avec le tout.
Ces phénomènes apparaissent, poursuit-il, individuels et changeants,
comme les flots succèdent aux flots ; ces relations sont de même particulières et flottantes. Or, les jugements que nous portons à leur
sujet et qui tiennent le plus de place dans la science comme dans la
vie, expriment, au contraire, des rapports universels, invariables,
entre des collectivités entières et permanentes de faits. L'intelligence
affirme des ressemblances et des identités, là où l'expérience con-
sultée n'accuse que des différences ; des stabilités, là où elle ne
découvre que des changements ; de l'unité et de la finalité, où elle
manifeste au contraire des courants multiples, de sens divers, et où
il est même impossible de dire si c'est partout la même eau qui
coule. Dans ces conditions, et à supposer que le mot *accord* veuille
toujours dire conformité aux choses, reproduction exacte du réel, il
n'y aurait plus, dit James, de vérité du tout. D'où la nécessité de
donner à ce mot, dans le Pragmatisme, une acception nouvelle :
accord voudra dire simplement : convenance pratique et réussite
effective. Toute affirmation sur un phénomène, qui nous permettra
de prévoir les suivants, ou mieux encore, de leur commander, en les
tournant à nos fins, sera dit *en accord* avec eux, et méritera d'être
appelée *vraie*. « Une proposition telle que « la chaleur dilate les
corps », proposition suggérée par la vue de la dilatation d'un certain
corps, fait que nous prévoyons comment d'autres corps se comporte-
ront en présence de la chaleur ; elle nous aide à passer d'une expérience ancienne à des expériences nouvelles ; c'est un fil conducteur,
rien de plus. La réalité coule, nous coulons avec elle, et nous appelons vraie toute affirmation qui, en nous dirigeant à travers la réalité mouvante, nous donne prise sur elle et nous place dans de
meilleures conditions pour agir (1). » Voilà dans quel sens précis il

(1) V. James : *Le Pragmatisme*. Préface de M. Bergson, p. 10.

faut entendre cette déclaration souvent répétée de James : que le vrai c'est le bon et l'utile. Est bon et utile du côté scientifique, ce qui nous ouvre un chemin à travers les faits, et du côté moral, ce qui nous donne la force et le courage de vivre et d'accomplir notre devoir. L'intellectualisme parlait de *découvrir* une vérité qui réellement préexistait, cachée dans les faits. Pour le Pragmatisme, il n'existe pas de vérité cachée : c'est notre affirmation même qui la crée. « Nous inventons la vérité pour utiliser la réalité, comme nous créons des dispositifs mécaniques pour utiliser les forces de la nature. » Série d'inventions progressives, « elle s'est faite peu à peu, grâce aux apports individuels d'un très grand nombre d'inventeurs ». Elle est relative à l'originalité propre de chacun d'eux : « Si ces inventeurs n'avaient pas existé, s'il y en avait eu d'autres à leur place, nous aurions eu un corps de vérité tout différent. » Notre pensée tout entière et notre langage qui l'exprime ne sont, dans la vie commune, comme dans la science même, que le résultat progressif d'hypothèses et d'inventions de ce genre. « La structure de notre esprit est donc en partie notre œuvre, ou tout au moins l'œuvre de quelques-uns d'entre nous. Kant avait dit que la vérité dépend de la structure générale de l'esprit humain. Le Pragmatisme ajoute, ou tout au moins implique que la structure de l'esprit humain est l'effet de la libre initiative d'un certain nombre d'esprits individuels (1). »

La vérité n'est donc plus la connaissance des choses mêmes, mais seulement un procédé, une méthode scientifiquement conduite de nous en servir. L'ensemble de nos acquisitions pratiques organisées, ce que le Pragmatisme appelle notre savoir, en changeant le sens de ce mot, constitue comme un vaste échafaudage de constructions artificielles, qui deviennent de moins en moins solides à mesure qu'elles s'élèvent davantage et perdent contact avec les faits. « Des diverses vérités, celle qui est le plus près de coïncider avec son objet n'est pas la vérité scientifique, ni la vérité de sens commun, ni plus généralement la vérité d'ordre intellectuel. Toute vérité est une route tracée à travers la réalité ; mais parmi ces routes, il en est dont la direction est marquée par la réalité même. » Il n'y a pas de vérité qui ne soit artificielle, mais les vérités qui portent immédiatement sur nos sensations brutes sont celles qui se rapprochent le plus du réel, et les vérités de sentiment viennent tout de suite après, car elles font à l'artifice une part bien moins grande que les vérités scientifiques. De sorte que le Pragmatisme renverse l'ordre habituel des

(1) V. JAMES : *Le Pragmatisme.* Préface de M. Bergson, pp. 10 et 11.

vérités. La logique, au dire de James, nous écarterait sans cesse du réel. Nous aurions accordé trop d'importance à la raison chez l'homme. Une psychologie de l'expérience doit, à son avis, dénoncer l'erreur capitale qu'on s'est faite sur sa portée. L'intelligence, dit-il, n'est pas tout dans l'homme, elle n'est même pas le principal. La volonté et la sensibilité doivent y occuper aussi leur place, et cette place est prépondérante, car l'expérience nous les montre plus voisines de la nature que la raison même. Dès lors, comment le Pragmatisme pourrait-il bien s'opposer à l'entrée dans la conscience de ce souffle puissant et chaud qui la traverse à certaines heures, de cet enthousiasme divin qui la pénètre, la soulève, la transporte et la soutient dans les luttes de la vie ? N'est-ce pas précisément les « Expériences religieuses » que James a estimées privilégiées entre toutes, pour nous faire saisir, « sur le vif », la force même qui suscite ces magnifiques élans ? Il ne saurait guère y avoir de vérité meilleure et plus proche des réalités profondes. « James, dit M. Bergson, se penchait, dans ces « Expériences », sur l'âme mystique, comme nous nous penchons dehors, un jour de printemps, pour sentir la caresse de la brise, ou, comme au bord de la mer, nous surveillons les allées et venues des barques et le gonflement de leurs voiles, pour saisir d'où souffle le vent (1). »

M. Bergson ajoute, en terminant sa très substantielle préface au pragmatisme de James, que ceux qui traitent ce philosophe de sceptique ne l'ont pas compris, que nul ne fut plus soucieux que lui de la vérité, et qu'il l'a cherchée de toute son âme inquiète, sans repos ni trêve, jusque dans la mort même, avec cette ardeur passionnée, cette probité et ce désintéressement absolu qui étaient la marque distinctive de sa belle nature. Le caractère de James se révèle bien tel en effet que nous le dépeint M. Bergson. Sceptique d'intention, il ne le fut certes pas, et l'on sent partout dans son œuvre combien son âme éprise de liberté et d'indépendance étouffait dans l'étroite geôle du positivisme et du Kantisme qu'il déclarait insuffisants. Mais si ce nom doit s'appliquer à ceux qui, de fait et malgré leurs intentions droites, ont à ce point bouleversé l'ordre entier des connaissances humaines, qu'ils ont rendu impossible toute vérité, on n'en voit guère à qui une pareille appellation pourrait mieux convenir. Tout le mal est venu chez lui, comme chez Kant, comme chez

(1) W. JAMES : *Le Pragmatisme*. Préface de M. Bergson, p. 7. Il n'est que juste de reconnaître que ce langage, nouveau au sein de l'empirisme, a fortement contribué à faire tomber dans ce milieu des préjugés qui paraissaient indéracinables contre l'idée religieuse. Malheureusement on en sape la base objective, en lui refusant une valeur intellectuelle et on la voue par avance à toutes les fluctuations subjectives du sentiment.

Bergson, d'une fausse analyse de nos facultés de connaître. Pas plus qu'eux il n'a compris le rôle de l'intelligence. Pour lui, comme pour eux, cette faculté n'ajoute rien d'essentiel à la perception sensible, elle ne fait que l'amoindrir en l'abrégeant. Ses concepts ne sont que des sensations réduites, ses jugements et ses raisonnements, que des raccourcis pratiqués à travers les faits. Dès lors un conflit nécessaire s'élève entre la raison qui pose ainsi des généralités et l'expérience qui ne constate partout que des phénomènes particuliers, entre la logique qui suppose l'identité, et le réel qui ne manifeste que des différences. De là une double et contradictoire conception de l'Univers. On ne peut résoudre la difficulté qu'en sacrifiant l'une ou l'autre. James, avec son abandon habituel, nous confie lui-même la crise aiguë qu'il traversa et dont il ne sortit que par le rejet total et définitif de la logique. Y renoncer à tout jamais, c'était, assure-t-il, le seul parti raisonnable, à moins de déserter l'empirisme et de retourner piteusement aux essences et aux substances, à l'âme, aux vertus dormitives, à toutes ces entités scolastiques dont son éducation à base de Hume et de Kant lui avait montré, dit-il, le ridicule et la parfaite inutilité. Comment pouvait-il d'ailleurs, sans se mentir à lui-même, reconnaître des torts dans les critiques qu'il adressait à Descartes, à Leibniz, à Kant et à bon nombre d'autres raisonneurs à outrance, qui semblaient se donner rendez-vous dans le parti adverse pour affirmer la logique contre les faits? Il avait raison contre eux. Or, ils représentaient toute la scolastique à lui connue. Mais la vérité est que le conflit dont on parle est sorti tout entier d'une interprétation fautive de la connaissance commune aux deux écoles. Il vient de ce que l'une comme l'autre ne reconnaît *qu'une expérience*, celle des sens, que l'intelligence proprement dite tantôt abrège simplement, tantôt élabore en l'abrégeant. La vraie scolastique, qu'ignorait James, a toujours soutenu et solidement établi que l'expérience *est double*, et que dans l'objet qu'elle nous présente, les sens perçoivent le multiple, le particulier et le changeant, le *phénomène*, tandis que l'intelligence en dégage progressivement ce qu'il contient d'un, d'universel et de permanent : l'être substantiel et la loi stable des changements mêmes dont il est le sujet et le théâtre. Dès lors, la réalité est double aussi, ou du moins elle renferme des éléments irréductibles, les uns purement sensibles, les autres intellectuels. Ainsi tombe tout désaccord entre les faits et la raison, la réalité et la logique. Quant à faire dépendre entièrement, comme James, la vérité de la volonté et de la sensibilité, c'est un paradoxe tout américain qu'adopteront difficilement, sinon par snobisme, des esprits français épris de clarté. Certes, la sensibilité et la volonté ont une

influence, considérable parfois, et tantôt heureuse, tantôt néfaste
d'ailleurs, sur le jugement et l'affirmation de la vérité ; mais, comme
le rappelle très à propos l'éminent cardinal Mercier, la *perception
même du vrai* appartient proprement et *exclusivement* à l'intelligence.
« Une certitude, dit-il avec raison, qui prendrait sa source dans une
faculté sensible, ne serait pas digne d'un sujet raisonnable : son vrai
nom serait le fanatisme (1). »

Fanatisme en effet et illuminisme que ce fantôme de religion, toute
en sentiment et en instinct, sans Dieu connu ni connaissable, sans
dogmes ni devoirs qui en découlent, que James et Bergson célèbrent
avec tant d'enthousiasme lyrique. Comment faire, à part de l'intelligence, le triage du bon et du mauvais grain ? — Est bon et par conséquent vrai, répond James, tout ce qui soutient et ranime le
courage. — Ce critérium indirect et tout expérimental est malheureusement loin de suffire : l'illusion soutient aussi le malade, aban-
donné du médecin, elle n'en est pas moins une erreur. Que de
superstitions insensées ont servi de réconfort à certaines âmes ! En
fait, James, dans son « Expérience religieuse », mêle et confond,
comme l'a fort bien noté M. Michelet, le distingué professeur de
l'Institut catholique de Toulouse, des impressions mystiques de valeur
fort diverse, et dont quelques-unes relèvent manifestement de la
pathologie mentale, ce qui ne les a d'ailleurs nullement empêchées
d'être un soutien moral pour ceux qui les ont éprouvées (2). La sensibilité et la volonté ont beau s'ouvrir au souffle mystique qui passe,
pour sonder d'où il vient et ce qu'il vaut : l'intelligence seule peut en
juger ; et dès lors qu'on a récusé son témoignage, toute base de dis-
cernement fait défaut. L'Agnosticisme absolu, tel est bien, en dépit
de James, et quoi qu'en pense M. Bergson, le dernier mot du Pragmatisme. Il serait superflu d'en souligner ici les conséquences :
l'agnosticisme s'accompagne nécessairement d'amoralisme. Leur
réunion constitue l'anarchie totale de l'intelligence et de la volonté :
le nihilisme.

(1) Cardinal Mercier : *Critériologie.* Alcan, Paris, 1911, p. 193.
(2) Le sentiment religieux n'est d'ailleurs utile et par suite vrai, selon James,
que pour les tempéraments un peu faibles. Les plus forts n'ont, dit-il, aucun
besoin de ce soutien : « le tohu-bohu des phénomènes leur suffira. Ils seront
contents de vivre, même sans espérance personnelle. » Les autres, selon le degré
de leur faiblesse adopteront le panthéisme pluraliste, divinisant les divers courants de la réalité, c'est son cas, ou un panthéisme moniste qui leur offrira plus
d'unité et de sécurité. Quant à la conception d'un Dieu personnel et transcendant,
c'est une idole de l'intellectualisme.

CONCLUSION

LE SPIRITUALISME DE DEMAIN

Le pragmatisme nihiliste de James est la dernière étape de la
pensée cartésienne et l'épuisement final de ses énergies. « Une petite
erreur dans les principes, dit Aristote, s'agrandit dans la conclusion (1). » Descartes a commencé par confondre la conscience psychologique, le moi phénoménal, comme dirait Kant, avec l'âme même,
dont il faisait une réalité absolument indépendante du corps et
incompatible avec lui. Il aurait d'abord semblé que le spiritualisme
n'eût qu'à gagner à une telle conception ; à tout le moins, on ne
voyait pas que les conséquences dussent en porter si loin. Et pourtant, Hume ne tarda guère à les pousser jusqu'au bout : si l'âme ne
se distingue pas de nos idées multiples et changeantes, elle n'est
donc pas cette substance une et identique dont nous entretenait
Descartes. La moindre réflexion suffit à la résoudre en la multitude
de nos états intérieurs, et toute son unité consiste dans le nom
même qu'on leur donne en commun, et qui remplit vis-à-vis d'eux le
rôle d'une étiquette mise sur l'ensemble. Là et non ailleurs est la
source vive de cette large coulée de phénoménisme, dont Bergson et
James nous ont comme inondés, en submergeant, sous ses flots des-
tructeurs, l'être, la logique et la raison même. Mais nous avons vu
le courant tout entier s'abîmer finalement dans le vide et le néant de
la pensée. Le phénomène, en effet, ne se suffit pas à lui-même : c'est
un mouvement, un changement. Or, il est contradictoire de concevoir un mouvement, sans quelque chose qui se meuve, et un changement, sans quelque chose qui change. Tout le talent de M. Bergson
ne peut faire que le temps, même entendu comme durée concrète
psychique, ne soit la durée de rien. Voilà la première difficulté qui
se dresse invinciblement contre tout phénoménisme. Il y en a une
seconde non moins insurmontable. Lorsqu'une réalité quelconque se
meut, change, évolue, il n'est pas possible que tout, en elle, se
meuve et change à la fois. Tandis que quelque chose passe, il faut,
de toute nécessité, que quelqu'autre chose reste, sans quoi il n'y aurait
plus changement, mouvement, évolution ou passage, mais bien, à
chaque instant, annihilation totale, et totale création nouvelle. C'en

---

(1) Cité par saint Thomas, au début de son premier et très substantiel *Traité
de l'Être et de l'Essence.*

serait fait de la continuité de l'univers et du déterminisme, condition
même de la science. Il y a plus : tout ce qui change subit l'action
d'un moteur, car nul ne peut se donner ce qu'il n'a pas. Le changement suppose donc l'immobilité. Le cartésianisme portait dans les
veines, dès sa naissance, un double et fatal venin qui devait bientôt
en arrêter la vie : l'idéalisme et une fausse notion de la substance,
qui ne pouvait manquer de tourner au mécanisme d'abord, au phénoménisme ensuite. Il est mort de toutes ces maladies à la fois.
Nous l'avons vu succomber avec Kant. Bergson et James ont tenté de
le rappeler à la vie, mais ils n'ont réussi qu'à évoquer, à sa place, un
fantôme sans consistance, semblable à l'ombre vaine ou à la fumée
décevante que ne peut capter la main de l'enfant. Une solide philosophie demeure pourtant nécessaire à la pensée comme à l'action
humaine. A ces générations qui montent, qui se lèvent déjà ardentes,
dans une aurore de sacrifice, dont la vaillance s'est avivée au spec-
tacle douloureux de la patrie sanglante, à cette belle jeunesse aux
élans généreux et magnifiques, l'élite de nos forces régénératrices de
demain, n'aurons-nous donc rien de mieux à offrir que cette anarchie
intellectuelle et morale qui s'est élevée sur les ruines du spiritualisme ? Est-ce là tout l'aliment dont nous comptons soutenir ses
énergies grandissantes, ou tenons-nous en réserve quelque substantiel viatique qui l'empêche de défaillir en chemin ? Sans doute, nous
lui donnerons la Foi divine, infiniment supérieure à toute doctrine
humaine. Mais pour la conserver, cette Foi, et surtout pour la vivre
et la défendre au milieu des difficultés croissantes et des contradictions journalières de l'impiété, armée de la fausse science, ce ne sera
pas trop de l'appuyer d'un ferme enseignement rationnel, fort comme
la vérité même. C'est la recommandation expresse et instante du
grand pape Léon XIII, dans sa magistrale encyclique *Æterni Patris*:
« Comme, à notre époque, la Foi chrétienne est journellement en
butte aux manœuvres et aux ruses d'une certaine fausse sagesse, il
faut que tous les jeunes gens, ceux particulièrement dont l'éducation
est l'espoir de l'Église, soient nourris d'une doctrine substantielle et
forte, afin que, pleins de vigueur et revêtus d'une armure complète,
ils s'habituent de bonne heure à défendre la Religion avec vaillance
et sagesse, prêts, selon l'avertissement de l'Apôtre, à rendre raison à
quiconque le demande, de l'espérance qui est en nous, ainsi qu'à
exhorter, dans une doctrine saine, et à convaincre ceux qui y contre-
disent (1). »

(1) Léon XIII : Encyclique *Æterni Patris*.

Cet enseignement devra être exempt des capitales erreurs qui ont précipité la chute de la philosophie cartésienne. Elle naquit d'une rupture avec la tradition, dont elle prétendit se passer. On peut, à bon droit, appliquer à ses adeptes ce que Léon XIII dit encore dans cette même encyclique de tous les novateurs en général : « Dédaignant le patrimoine de la sagesse antique, ils aimèrent mieux édifier à neuf qu'accroître et perfectionner le vieil édifice, projet certes peu prudent et qui ne s'exécuta qu'au grand détriment des sciences. En effet, ces systèmes multiples, appuyés uniquement sur l'autorité et le jugement de chaque maître particulier, n'ont qu'une base mobile, et par conséquent, au lieu d'une science sûre, stable et robuste, comme était l'ancienne, ne peuvent produire qu'une philosophie branlante et sans consistance aucune. » Il est trop évident qu'un seul homme ne saurait remplacer l'expérience progressivement accrue des siècles avec le travail d'interprétation qui s'y ajoute de l'humanité tout entière. Une philosophie sage, et soucieuse avant tout de la vérité, aura donc pour premier souci de rattacher la chaîne, brisée par Descartes, des recherches de la pensée. Elle devra étudier aussi très scrupuleusement les faits, baser sur eux ses raisonnements, ne pas dédaigner de vivre parmi les réalités de la nature et du laboratoire. C'est par là seulement qu'elle évitera l'a priori et les abus de raisonnement, reprochés, non sans raison, aux philosophes de l'école cartésienne. Ce n'est plus du doute et de la pensée qu'elle partira, par où Descartes s'est enfermé dans l'idéalisme subjectif, dont il n'est plus sorti, et s'il a pu échapper au scepticisme, ce n'est qu'en manquant à la logique. Au lieu d'aller des idées aux choses, elle ira, tout au contraire, des choses aux idées, et fondera l'édifice entier de la connaissance sur les fermes assises des données objectivement certaines des sens et de la raison. Pour elle, un fait sera un fait, et non pas une théorie ou un symbole. Elle remettra chaque chose à sa place naturelle et veillera, avec un soin scrupuleux, à ce qu'on ne puisse plus confondre, par un renversement singulier et bien inexplicable de toute réalité, les idées avec les faits et les faits avec les idées. Elle ne souffrira pas qu'au nom de je ne sais quelle vision subjective, individuelle et fantaisiste, appelée intuition, on en vienne à déformer, au gré de chacun, l'observation interne, pour régler ensuite sur elle et corriger en conséquence, le monde objectif tout entier. Cette prétention inouïe a sa source, nous l'avons vu, dans un conflit qui s'élève nécessairement, au sein de tout empirisme, entre le particulier et le général, l'expérience sensible et les opérations rationnelles. On ne peut ensuite le faire cesser, sans renoncer, en même temps, au principe de l'empirisme ou sans nier la logique et abdiquer la raison.

Devant ces errements à peine croyables, mais hélas ! trop certains, la vraie philosophie, la seule digne de ce nom, s'appuyant à la fois sur l'unité fondamentale de l'homme et sur la dualité de sa nature, attestées l'une et l'autre par l'analyse psychologique la mieux conduite et la plus incontestable, après avoir opposé au dualisme outré de Descartes l'union substantielle de l'âme et du corps, opposera à son tour au monisme radical des empiristes, la distinction des facultés et la souveraineté même des puissances intellectuelles et logiques sur les pouvoirs sensibles de connaître. Et comme l'objet premier et naturel de l'intelligence, c'est l'être et la vérité, elle fermera ainsi définitivement la porte au phénoménisme et à l'agnosticisme, ces deux mortels ennemis de la pensée contemporaine.

Si philosophie veut dire amour de la sagesse, comment appeler ainsi des méthodes et des doctrines qui, en détruisant la raison même, font œuvre de suprême folie, et qui, bouleversant toutes choses de fond en comble, s'attachent à mettre partout l'accident à la place de l'essence et l'essence à celle de l'accident. Cette confusion est telle et s'étend si loin qu'on serait tenté de croire à une sorte de complot pour remplacer partout l'esprit français fait de clarté et de logique, et plus généralement la culture gréco-latine, toute de raison et de lumière, par la vaporeuse et insaisissable culture germanique. En tous cas, c'est un Germain, aux facultés brillantes assurément, mais d'un équilibre redoutable, Luther, qui a le premier, sans doute, poussé ce cri révolutionnaire : A bas la raison et la logique, vive l'imagination, la sensibilité et le vouloir. Qu'il convienne de tenir compte des facultés sensibles et de la volonté, de leur faire une juste part dans la connaissance et dans la vie, rien de mieux. Platon le pensait aussi, qui disait que c'est avec l'âme tout entière qu'il faut philosopher. Mais il n'oubliait pas d'ajouter que l'âme doit former une harmonie semblable au son d'une lyre et que ses puissances ont besoin à cet effet d'être savamment hiérarchisées. Saint Thomas distingue en elle deux sortes de pouvoirs : ceux qui la rendent capable de connaître et ceux qui la portent à agir et à aimer. Ils se divisent les uns et les autres en *sensibles*, qui nous sont communs avec les animaux, et *intellectuels*, qui nous sont propres ici-bas, et que nous partageons, en dépassant ce monde, avec les esprits créés et avec Dieu même, quoique, dans ce dernier cas, d'une manière bien différente et simplement analogique. Sens et intelligence proprement dite, d'un côté, désir et volonté, de l'autre, telles sont nos facultés.

Que les sens se subordonnent à l'intelligence, comme des moyens à leur fin, il n'est personne qui ne le voit. Tout le monde reconnaît aussi, sans difficulté, que le désir, qui provient d'une connaissance sensible, est inférieur à la volonté, qui se règle sur une connaissance rationnelle. Mais la chose n'est plus aussi claire quand il s'agit de classer l'intelligence et la volonté. L'essentiel semble bien être ici de ne pas séparer, comme le fait M. Bergson, la seconde de la première, et de comprendre que l'acte qui manque de lumière retombe nécessairement dans la nuit de l'instinct. Sans intelligence, pas de volonté : voilà la vérité qu'il convient d'affirmer hautement. Après cela, nous accorderons volontiers que l'intelligence trouve dans la volonté sa perfection dernière. Tous les êtres créés, dit saint Thomas, se perfectionnent en agissant. Il est vrai que connaître c'est déjà agir, et l'angélique Docteur remarque, à ce propos, non sans une grande hauteur de vues, que les vivants capables de connaissance ajoutent à leur forme propre l'universalité des formes des êtres qu'ils connaissent, devenant ainsi successivement, en plus de ce qu'ils sont, ce que sont aussi les objets de leur connaissance même. Il n'en demeure pas moins vrai que l'homme ainsi accru peut encore se développer davantage : à savoir en possédant *réellement*, par l'amour, les formes qu'il ne possédait encore qu'*idéalement*, par la connaissance. Dans ce sens, mais dans ce sens seulement, on peut dire que l'intelligence est un moyen vis-à-vis de la volonté, la connaissance vis-à-vis de l'action. Connaître pour agir et pour aimer, telle sera notre formule, en harmonie avec cette belle pensée de Bossuet que la connaissance est vaine qui ne se convertit pas finalement en action et en amour. Et qu'on ne dise pas que l'intelligence entre en possession de son objet, tandis que la volonté ne fait que tendre vers le sien, car le but final de la volonté n'est pas de tendre mais de posséder et de se reposer dans la possession même de son bien. Ce repos n'est d'ailleurs que la plus haute activité de tout l'être, le complément dernier et l'actuation définitive de ses puissances. Mais n'oublions pas que ce qui l'a rendue possible c'est la lumière intellectuelle et qu'à ce point de vue la volonté dépend entièrement de la raison. Voilà pourquoi la vraie philosophie ne cessera pas d'être sagement intellectualiste, et à l'égard de la vérité elle acceptera bien que les facultés sensibles et la volonté suggèrent, renseignent, réchauffent, meuvent, mais à l'intelligence seule elle reconnaîtra partout et toujours le droit de juger, de guider, d'éclairer et de commander. Elle-même restera ce que l'intelligence l'a faite : une science, et refusera de se suicider en devenant un art, livré à tous les caprices de la fantaisie, comme l'y invitent avec tant d'imprudence certains catholiques à la suite de M. Bergson.

Quant à la place que la sensibilité et l'activité doivent tenir *dans la vie en général*, elle n'admettra pas qu'elles l'occupent tout entière, qu'on puisse opposer jamais la vie à l'intelligence et exclure la seconde de la première. Toute vie n'est pas la vie sensible. La vie, dit-on, déborde l'intelligence. D'accord, mais elle déborde encore davantage les sens. La vérité est qu'il y a des vies diverses et hiérarchisées comme nos facultés mêmes, et que si la vie de l'intelligence n'est pas la seule vie en effet, elle reste pourtant la principale et la plus haute de toutes.

Mais cette saine et droite philosophie dont nous parlons, à la fois traditionnelle, objective et réaliste, enfin intellectualiste, où la trouverons-nous ? Comment la constituer ? Qui l'entreprendra ? Le besoin s'en fait sentir immédiat et urgent, et c'est une œuvre colossale, qui réclamerait des siècles et des légions d'ouvriers ! Qu'on se tranquillise : cette philosophie existe, du moins dans ce qu'elle a d'essentiel. Le gros du travail est fait, il ne reste plus que celui de l'adapter. C'est celle dont le génie encyclopédique et positif d'Aristote a jeté les bases, impérissable comme la raison même, qu'ont ensuite développée les plus illustres Pères de l'Église et tout spécialement le grand Augustin d'Hippone ; qui a été portée à son apogée par les célèbres docteurs du XIIIᵉ siècle, entre lesquels le glorieux Thomas d'Aquin, « leur prince et leur Maître à tous, brille d'un éclat incomparable (1) ». C'est lui qui, embrassant dans une synthèse magistrale, compréhensive et lumineuse, les résultats acquis jusque là de la sagesse humaine, les a passés au crible de sa critique solide, avisée et pénétrante. Il n'a gardé que le pur froment. Léon XIII, qui s'y entendait, a fait de son œuvre ce magnifique et juste éloge : « Il ne lui manque ni l'abondante moisson des recherches, ni l'harmonieuse ordonnance des parties ; ni une excellente manière de procéder, ni la solidité des principes ou la force des arguments, ni la clarté du style ou la propriété de l'expression, ni la profondeur et la souplesse avec laquelle il résolut les points les plus obscurs (2). » Des principes essentiels qu'il a posés, qui sont pleins de conséquences et d'applications utiles, aucun n'a été infirmé par les conquêtes certaines de la pensée et de la science modernes. Il y a là de quoi fonder bien des vérités nouvelles et combattre victorieusement toutes les erreurs possibles. C'est une mine inépuisable d'or fin et de diamant.

(1) Léon XIII : Encyclique *Æterni Patris*.
(2) Léon XIII : Encyclique *Æterni Patris*.

Que manque-t-il donc à cette philosophie si riche de la tradition ?
On a prétendu bien à tort que c'est de prendre pied dans l'expérience.
On peut dire au contraire qu'elle y est tout entière basée. Il suffit,
pour s'en convaincre et faire tomber ce faux préjugé, de parcourir
les travaux remplis d'observations exactes et fines d'un Aristote, d'un
Albert le Grand et d'un Thomas d'Aquin. Mais on ne saurait leur
demander de posséder des sciences et de connaître des inventions
qui ne pouvaient se développer que de nos jours. Ils ont d'ailleurs
contribué pour une large part à en hâter l'éclosion ; quelques-uns
même les avaient pressenties et annoncées en des termes impression-
nants de justesse. C'est ce détail de l'analyse scientifique moderne,
avec l'outillage qu'il a créé et l'allure qu'il a donnée à la pensée contemporaine, qui fait nécessairement défaut à la grande scolastique.
La repenser en fonction de notre science, en lui incorporant ce qu'elle
est capable de s'assimiler des travaux fragmentaires, mais pleins de
faits bien décrits et scrupuleusement étudiés au xixe et au xxe siècle,
la nourrir ainsi de tous les éléments nouveaux qui peuvent en augmen-
ter la richesse en empruntant d'elle ce qui leur manque : l'âme, l'unité,
la lumière ; poser les questions telles qu'elles se présentent aux esprits
cultivés de notre temps : voilà ce qui serait nécessaire. On a déjà fait
beaucoup sans doute et nous sommes grandement redevables de ce
côté à nos Instituts Catholiques. Qu'il suffise de citer les beaux travaux du grand cardinal Mercier et de Mgr d'Hulst. Mais l'un comme
l'autre ne paraissent avoir visé que les besoins immédiats de l'enseignement. Des recherches plus étendues ont été réalisées sous la
direction de M. Peillaube. Il faudrait maintenant passer de l'analyse à la
synthèse et, à l'exemple de Thomas d'Aquin, refaire une somme bien
digérée et mise à jour, parfaitement harmonisée avec les découvertes
de la science et la tournure d'esprit des hommes d'aujourd'hui. Mais
ce serait là, de beaucoup, un fardeau trop lourd pour un seul homme.
Il devrait se choisir des collaborateurs pris parmi les meilleures com-
pétences de l'heure présente et qui seraient chargés chacun de la
spécialité dans laquelle il excelle. Lui seul serait obligé de les réunir
toutes, pour mettre en œuvre l'universalité des matériaux, sans avoir
besoin d'ailleurs d'être éminent dans aucune que la principale, pourvu
qu'il possédât une puissance particulière de synthèse, avec une ferme
logique, une netteté souveraine dans la pensée, une élégante et lumineuse clarté dans l'exposition et dans la langue. C'est assurément
difficile à réaliser, ce n'est pas impossible. Personne ne protestera,
j'imagine, si l'on avance que Mgr d'Hulst eût été cet homme-là. Il y en
a certainement d'autres.

En tous cas, cette restauration de la philosophie serait particulièrement nécessaire au temps où nous sommes. Elle constituerait, après
cette guerre, un élan primordial de régénération sociale et morale.
Les intelligences vivent d'idées, et c'est sur les idées que l'action se
règle ensuite. On peut dire sans erreur : telle philosophie, tel peuple.
Elle maîtrise en effet les esprits cultivés qui, par leur parole ou leur
plume, au moyen de la conférence, de l'article de revue et de journal,
du roman et du feuilleton, non seulement la font descendre dans
l'âme des classes dirigeantes, déjà imprégnées d'elle par leur culture
et qui déteignent si vite sur les masses, mais encore l'insinuent et
pour ainsi dire la glissent goutte à goutte jusque dans les veines de
l'ouvrier. « Dieu a fait les nations guérissables », et il a désigné lui-
même la vérité comme l'unique remède à leurs maux. « *Veritas libe-
rabit vos.* » Cette vérité libératrice est double : surnaturelle et c'est la
Foi, naturelle et c'est la philosophie. Et quand il nous voit chercher,
autour de nous et hors de nous, ce pain supersubstantiel et seul vivi-
fiant des intelligences, le divin Sauveur des hommes, dont la bonté
infinie s'apitoie toujours sur le sort des humbles et des petits, nous
reprend avec douceur, et nous dit comme autrefois : « Non, c'est
vous qui devez leur donner à manger. Ne les laissez pas demander
leur nourriture au siècle, où tout est empoisonné, ils y trouveraient
la mort. Seule l'Église est dépositaire de la vie. Voyez : les blés ne
font pas que jaunir : ils sont déjà coupés et prêts à mettre en gerbe.
Priez donc le Maître de la moisson d'envoyer dans son champ des
moissonneurs. »

IMPRIMERIE DE MONTLIGEON. — LA CHAPELLE-MONTLIGEON (ORNE). — 9197-9-19.